리더

공병호 감수 | 김현민 글 | 나일영 그림

머리말

"넌 리더십이 참 뛰어나구나!"라는 칭찬을 들으면 누구나 기분이 좋아질 거예요. 리더십이 뛰어난 어린이는 많은 사람들로부터 인정을 받지요.

그런데 리더십이 뛰어난 아이를 부러워하고, 나도 리더십이 있었으면 하고 바라면서도 리더십을 계발하려고 노력하는 어린이들은 별로 없는 것 같아요. 그건 대부분의 어린이들이 리더십은 타고나는 거라고 생각하고 있기 때문이에요.

그러나 리더십은 태어날 때부터 정해져 있는 능력이 아니랍니다. 리더십은 계발하면 할수록 점점 더 좋아져요.

"그럼 리더십을 어떻게 기르는 건가요?"

아마 이렇게 묻고 싶은 어린이들이 있을 거예요.

선생님이 이 책을 쓰게 된 이유가 바로 리더가 되고 싶어하는 어린이들에게, 그 방법을 알려 주기 위해서예요.

과연 어떻게 하면 훌륭한 리더가 될 수 있을까요?

이 책에는 세계 위대한 리더들의 특별한 성공 법칙 7가지가 담겨 있어요.

리더가 되려면 우선 '자신감'이 있어야 해요. 그리고 '시간 관리'를 잘해야 하지요. 또한 친구들을 위해 '배려'할 줄 알아야 하고, '친구 관계'도 원만해야 해요.

그뿐만이 아니에요. '화술'이 뛰어나야 하고, '좋은 습관'과 '긍정적으로 생각할 줄 아는 능력'도 갖추고 있어야 한답니다.

어때요? 여러분은 이 중에서 어떤 능력을 갖고 있나요?

아직 이러한 능력을 갖추지 않았다고 해서 실망할 필요는 없어요.

이제부터 성공한 리더들이 여러분에게 리더가 되려면 꼭 갖추어야 할 7가지 특별한 성공 법칙을 가르쳐 줄 테니까 말이죠.

자, 이제 얼른 책장을 넘겨 보세요.

책을 다 읽고 나면 여러분은 당당하고 자신감 있는 리더로 거듭나 있을 거예요.

어느 즐거운 날

김현민

C O N T E N T S

제1장 >> 리더가 들려 주는 **성공** 법칙 **자신감**

001 이 땅은 이미 내 손 안에 들어와 있다! ·10 | **002** 부정적인 생각 vs 긍정적인 생각 ·12 | **003** 실수를 두려워하지 마라 ·14 | **004** 만만해 보이는 목표를 세워라 ·16 | **005** 목표를 잘 세우는 비법 ·18 | **006** 31시간 9분 만의 완주! ·20 | **007** 자신감 넘치는 얼굴 표정을 만드는 법 ·22 | **008** 제게는 아직 12척의 배가 남아 있습니다 ·24 | **009** 말 한 마디가 미래를 만든다 ·26 | **010** 무릎 꿇는 나무 이야기 ·28 | 인물 탐구 _ 처칠 ·30

제2장 >> 리더가 들려 주는 **성공** 법칙 **시간 관리**

011 하루에 10분만 더 노력하자 ·34 | **012** 시간에 끌려다니지 말아라 ·36 | **013** 실천할 수 있는 생활 계획표 짜기 ·38 | **014** 처음이자 마지막인 것처럼 살아라! ·40 | **015** 오늘 해야 할 일 찾기 ·42 | **016** 월별 달력은 똑똑한 비서 ·44 | **017** 내일 할 일을 미리 생각해 두자 ·46 | **018** 아무리 작은 약속이라도 꼭 지켜라 ·48 | **019** 스트레스를 날려 버리는 시간 활용법 ·50 | **020** 집중을 하면 시간이 늘어난다 ·52 | 인물 탐구 _ 만델라 ·54

차례

제3장 >> 리더가 들려 주는 **성공** 법칙 **배려**

021 남의 입장을 배려하는 마음 · 58 | **022** 친구들의 생일을 기억해라 · 60 | **023** 명령하는 말 vs 부탁하는 말 · 62 | **024** 리더는 다른 사람에게 너그러워야 한다 · 64 | **025** 친구들의 입장을 존중하는 마음을 갖자 · 66 | **026** 누구나 마음만 있으면 배려를 실천할 수 있다 · 68 | **027** 줄어들지 않는 물 · 70 | **028** 친구의 잘못은 작은 소리로 말해 주자 · 72 | **029** 친구를 배려하는 습관 기르기 1 · 74 | **030** 친구를 배려하는 습관 기르기 2 · 76 | 인물 탐구 _ 마더 테레사 · 78

제4장 >> 리더가 들려 주는 **성공** 법칙 **화술**

031 당당한 말 한 마디가 인생을 바꾼다 · 82 | **032** 유머의 힘 · 84 | **033** 여러 사람 앞에서 말하는 법 · 86 | **034** 남을 험담하지 말아라 · 88 | **035** 발표를 잘하는 비법 · 90 | **036** 친구들의 기분을 좋게 하는 맞장구 치기 · 92 | **037** 책을 많이 읽어야 한다 · 94 | **038** 언어의 요리사로 거듭나기 · 96 | **039** 갈대에게 배우는 겸손 · 98 | **040** 말은 신비로운 힘을 가지고 있다 · 100 | 인물 탐구 _ 링컨 · 102

C O N T E N T S

제5장 >> **리더**가 들려 주는 **성공** 법칙 **습관**

041 칸트의 산책길 · 106 | **042** 지금의 나에 만족하지 마라 · 108 | **043** 좋은 습관 vs 나쁜 습관 · 110 | **044** 세상에서 가장 멀리 날아가는 종이 비행기 · 112 | **045** 과거의 일을 교훈으로 삼아라 · 114 | **046** 바쁠수록 돌아가라 · 116 | **047** 게으름은 병이다 · 118 | **048** 친구들에게 땀 흘리는 모습을 보여라 · 120 | **049** 웃는 얼굴로 친구들을 대하자 · 122 | **050** 잘못된 대화 습관을 고치자 · 124 | 인물 탐구 _ 월트 디즈니 · 126

제6장 >> **리더**가 들려 주는 **성공** 법칙 **친구 관계**

051 진정한 친구는 어떤 친구일까? · 130 | **052** 많은 친구들을 사귀는 비법 · 132 | **053** 좋아하는 친구와 싫어하는 친구를 구분하지 마라 · 134 | **054** 친구의 입장에서 생각하기 · 136 | **055** 가까운 사이일수록 칭찬을 많이 해 주자 · 138 | **056** 친구의 이야기를 잘 들어 줘라 · 140 | **057** 잘못을 했을 때는 곧바로 사과해라 · 142 | **058** 친구에게 사과 잘 하는 다섯 가지 방법 · 144 | **059** 친구들의 이름을 달달 외우고 다녀라 · 146 | **060** 친구를 미워하는 마음은 네 마음을 썩게 한다 · 148 | 인물 탐구 _ 앤드류 카네기 · 150

차례

제7장 >> 리더가 들려 주는 **성공** 법칙 **긍정의 힘**

061 환경을 탓하지 말아라 · 154 | **062** 내 안에 숨어 있는 능력을 찾아 내는 방법 · 156 | **063** 목숨도 살리는 긍정의 힘 · 158 | **064** 너는 지금 어떤 눈으로 자신을 보고 있니? · 160 | **065** 나비는 왜 죽었을까? · 162 | **066** 긍정적인 말로 하루를 시작하자 · 164 | **067** 긍정적으로 사는 법 · 166 | **068** 억지로라도 웃으면 행복해진다 · 168 | **069** 스스로 선택하고 스스로 결정해라 · 170 | **070** 아무 일 없을 거야! · 172 | 인물 탐구 _ 오프라 윈프리 · 174

Success
Self-Confidence

Self-Co

Self-Confidence

#1

리더가 들려 주는 성공 법칙
자신감

001 이 땅은 이미 내 손 안에 들어와 있다!
002 부정적인 생각 vs 긍정적인 생각
003 실수를 두려워하지 마라
004 만만해 보이는 목표를 세워라
005 목표를 잘 세우는 비법
006 31시간 9분 만의 완주!
007 자신감 넘치는 얼굴 표정을 만드는 법
008 제게는 아직 12척의 배가 남아 있습니다
009 말 한 마디가 미래를 만든다
010 무릎 꿇는 나무 이야기
인물 탐구 _ 처칠

001

이 땅은 이미 내 손 안에 들어와 있다!

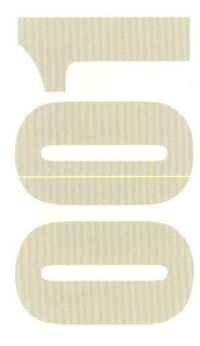

병사들은 자신감 넘치는 나폴레옹의 말에 불안한 마음을 떨쳐 버리고 환하게 웃음꽃을 피웠어. 그리고 다시 사기가 오른 병사들은 싸움에서 크게 승리할 수 있었단다.

나폴레옹이 병사들을 이끌고 적국에 도착했을 때의 이야기야. 병사들은 오랫동안 걸어왔기 때문에 지칠 대로 지쳐 있었어. 사기도 땅에 떨어져 싸울 의욕도 거의 없었지. 그런데 엎친 데 덮친 격으로, 기세 좋게 말을 타고 달리던 나폴레옹마저 갑자기 말에서 떨어진 거야. 그 순간 나폴레옹의 뒤를 따르던 모든 병사들이 술렁이기 시작했어.

"이건 정말 불길한 징조야."

"맞아, 이건 하나님께서 이번 싸움에서는 우리가 질 거라는 것을 미리 알려 주시는 거야."

그 때 나폴레옹이 천천히 땅을 짚고 일어났어. 그러고는 오른손을 높이 치켜들면서 자신감 있는 목소리로 소리쳤단다.

"제군들! 내가 지금 이 손에 쥐고 있는 것이 무엇인지 아는가? 이것은 바로 우리와 싸울 나라의 흙이다. 이 땅은 이미 내 손 안에 들어와 있다. 용기를 잃지 말고 자신감을 가져라!"

병사들은 자신감 넘치는 나폴레옹의 말에 불안한 마음을 떨쳐 버리고 환하게 웃음꽃을 피웠어. 그리고 다시 사기가 오른 병사들은 싸움에서 크게 승리할 수 있었단다.

나폴레옹이 만약 말에서 떨어졌을 때, 다른 병사들처럼 불길한 징조라고 생각했다면 싸움의 결과가 어떻게 되었을까?

리더는 항상 자신감을 가지고 있어야 해. 다른 친구들이 불안에 떨고 있을 때에도 리더는 늘 침착하게 친구들에게 용기를 줄 수 있는 행동을 해야 한단다.

하루에 한 번이라도 거울을 보고, "난 할 수 있어!", "난 용기 있게 행동할 수 있어!"라는 주문을 외우면 정말 자신감이 부쩍 커진다고 해. 너도 한번 해 보지 않을래?

002 부정적인 생각 VS 긍정적인 생각

성공은 입버릇과 큰 관련이 있다고 해. 사회적으로 크게 성공한 리더들은 "난 안 돼.", "난 할 수 없어.", "내 한계는 여기까지야." 라는 말을 절대 하지 않았대.

태능 선수촌은 우리 나라 국가 대표 선수들이 모여서 훈련하는 곳이야.

최근 태능 선수촌에서는 아주 특별한 훈련을 하고 있단다. 모든 선수가 가장 편안한 자세로 앉아 눈을 감고 실제 경기 장면을 머릿속으로 그려 보는 거야. 그러면서 자신이 경기하는 모습과 경기에서 승리하는 모습을 계속 생각한다고 해.

이런 훈련이 과연 효과가 있을까?

실제로 많은 선수들이 이 훈련 덕분에 올림픽에서 좋은 성적을 거두었단다. 계속해서 자신이 승리할 수 있다고 긍정적으로 생각한 것이 도움이 된 것이지.

이처럼 긍정적인 생각은 정말 중요하단다.

너는 평소에 긍정적인 생각을 하는 편이니? 아니면 부정적인 생각을 주로 하는 편이니?

만약 부정적인 생각을 하는 편이라면 긍정적인 생각으로 바꾸는 연습을 해 보렴.

예를 들어 그 동안에는 '나는 왜 겨울만 되면 감기에 걸리는 걸까. 정말 속상해.'라고 생각했다면, 이제부터는 '감기에 많이 걸려 봤으니까

면역이 생겨서 이제 웬만한 감기는 끄떡 없이 이겨 낼 거야.'라고 생각해 보는 거야.

성공은 입버릇과 큰 관련이 있다고 해. 성공한 리더들은 "난 안 돼.", "난 할 수 없어.", "내 한계는 여기까지야."라는 말을 절대 하지 않았대.

반면에 실패하는 사람들은 무슨 일이 있을 때마다 "난 안 돼.", "난 할 수 없어."라는 말을 자주 한단다.

항상 긍정적으로 생각하는 습관을 들여 보렴. 긍정적으로 생각하다 보면 저절로 자신감이 생길 거야.

003

실수를 두려워하지 마라

힐러리는 에베레스트를 오르기 위해 수많은 실패를 겪어야만 했어. 그는 무려 16차례의 실패를 겪은 후에야 세계 최초로 에베레스트를 등정했단다.

실패를 거듭할수록 자신감이 더욱 커진다! ―에드먼드 힐러리

세계에서 가장 높은 산인 에베레스트를 처음으로 등정한 사람이 누군지 알고 있니? 바로 뉴질랜드 산악인 에드먼드 힐러리야.

힐러리는 에베레스트를 오르기 위해 수많은 실패를 겪어야만 했어. 그는 무려 16차례의 실패를 겪은 후에야 세계 최초로 에베레스트를 등정했단다.

에드먼드 힐러리가 두 번째 에베레스트 등정에 실패했을 때 기자들이 그에게 물었어.

"힐러리 씨! 또 에베레스트 등정에 실패하셨는데, 다시 도전하실 건가요?"

그러자 힐러리는 무슨 그런 질문을 하느냐는 듯한 얼굴로 자신있게 대답했단다.

"당연하지요. 실패를 거듭할수록 제 마음 속에는 '할 수 있다.'는 자신감이 점점 더 커지고 있습니다. 이번 실패를 거울삼아 좀더 노력하다 보면 언젠가는 분명 성

공할 겁니다."

　학교에서 생활하다 보면 실수를 할 때가 있을 거야. 선생님 심부름을 잘못해서 선생님을 곤란하게 하기도 하고, 친구들에게 미안한 일을 할 때도 있을 거야.

　그럴 때는 너무 실망하지 말고, 예전엔 못 했지만 지금 네가 잘하고 있는 것을 한번 떠올려 보렴. 예를 들면 처음 자전거를 배울 때를 떠올려 보는 거야.

　어때? 처음부터 자전거를 잘 타지는 못했지? 분명 많은 실수를 저지른 후에 지금처럼 잘 타게 되었을 거야.

　'절대 실수를 저지르면 안 되는데…….' 라는 생각부터 얼른 버리렴. 그런 부담감 때문에 오히려 더 자주 실수를 저지르게 된단다.

그리고 실수를 했을 때는 속상해하지만 말고 '다음에는 이런 실수는 하지 말아야지!' 라고 생각하렴. 실수를 깨닫고 고쳐 나가려는 마음만 있다면, 실수는 오히려 너에게 약이 될 거야.

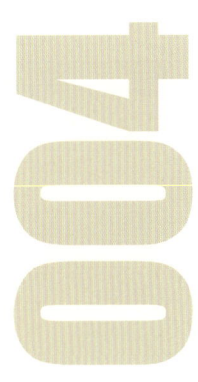

만만해 보이는 **목표**를 세워라

우선 작은 목표를 세우고, 그 목표를 이루기 위해 노력해 보렴. 한번 자신이 세운 목표를 이루고 나면 또 할 수 있다는 자신감이 생긴단다. 그러다 보면 언젠가는 아주 큰 목표도 이룰 수 있을 거야.

너는 지금 어떤 목표를 세우고 있니? 혹시 이런 막연한 목표를 세우고 있지는 않니?

"나중에 커서 훌륭한 사람이 되어야지."

"돈 많이 버는 사람이 되어야지."

만약 그렇다면 얼른 목표를 다시 세워야 한단다. **목표는 되도록 구체적이고 사소한 것으로 정하는 게 좋아.** 물론 큰 목표를 하나 세워 두는 것도 나쁘진 않지.

하지만 우선은 만만해 보이는 목표부터 세워 보렴.

"영어 공부 시간을 10분만 더 늘리자!"
"지각을 하지 말자!"
이처럼 조금만 노력하면 쉽게 이룰 수 있는 목표로 말이야.

옛말에 '천리 길도 한 걸음부터.'라는 말이 있어. 우선 작은 목표를 세우고, 그 목표를 이루기 위해 노력해 보렴.

한번 자신이 세운 목표를 이루고 나면 또 할 수 있다는 자신감이 생긴단다. 그러다 보면 언젠가는 아주 큰 목표도 이룰 수 있을 거야.

하지만 목표를 정했다고 그것으로 다 끝난 게 아니란다. 목표를 정했으면 그 목표를 항상 기억하고 있어야겠지? 그러려면 목표를 종이에 적어 눈에 잘 띄는 곳에 붙여 두어야 한단다.

그리고 시간이 날 때마다 목표가 적혀 있는 종이를 자주 쳐다보렴. 눈으로 자주 목표를 확인할수록 할 수 있다는 자신감이 커질 거야.

005 목표를 잘 세우는 비법

세상에는 두 종류의 사람이 있다고 해. 하나는 내일 무엇을 해야 할지 모르고 잠이 드는 사람들이고, 또 하나는 내일 무엇을 해야 할지 알고 잠이 드는 사람들이지. 너는 어떤 종류의 사람이니?

"내일 무엇을 해야 할지 모르는 사람보다 더 불행한 사람은 없다."

러시아의 유명한 소설가 고리키의 말이란다.

세상에는 두 종류의 사람이 있다고 해. 하나는 내일 무엇을 해야 할지 모르고 잠이 드는 사람들이고, 또 하나는 내일 무엇을 해야 할지 알고 잠이 드는 사람들이지. 너는 어떤 종류의 사람이니?

물론 목표를 세운다고 모두 성공하는 것은 아니야. 하지만 성공한 사람들은 모두 목표를 세운 사람들이란다.

너희 중에는 목표를 세우고 싶어도 그 방법을 잘 몰라서 목표를 세우지 못하고 있는 친구들이 있을 거야.

이번엔 목표를 잘 세우는 비법을 알려 줄게. 읽는 것으로 끝내지 말고, 꼭 실천으로 옮겨 보렴.

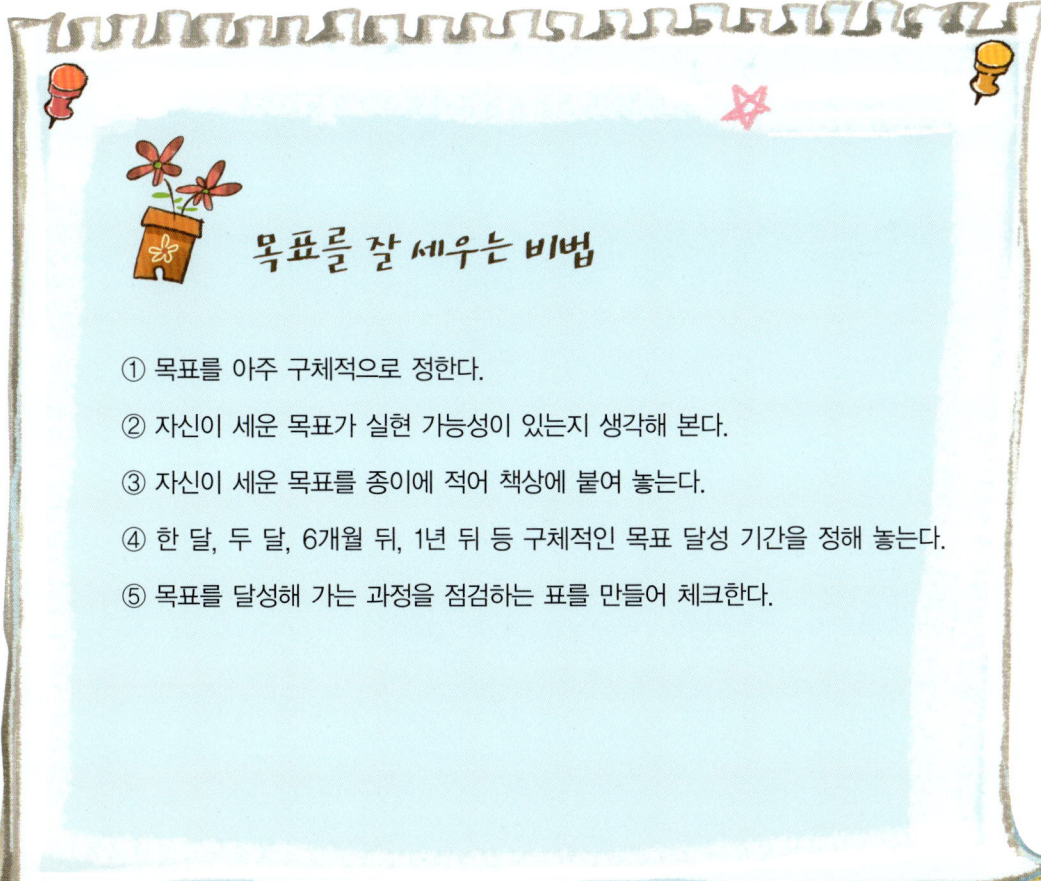

목표를 잘 세우는 비법

① 목표를 아주 구체적으로 정한다.
② 자신이 세운 목표가 실현 가능성이 있는지 생각해 본다.
③ 자신이 세운 목표를 종이에 적어 책상에 붙여 놓는다.
④ 한 달, 두 달, 6개월 뒤, 1년 뒤 등 구체적인 목표 달성 기간을 정해 놓는다.
⑤ 목표를 달성해 가는 과정을 점검하는 표를 만들어 체크한다.

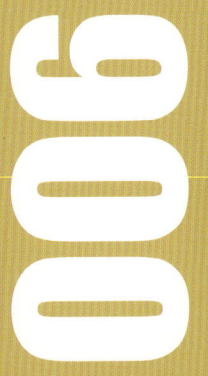

31시간 9분 만의 완주!

1998년 뉴욕 마라톤 대회에서 42.195킬로미터를 무려 31시간 9분 만에 완주한 여성이 있어 세상을 깜짝 놀라게 했어. 그 여성은 바로 조 코폴로비츠라고 하는 중증 장애인이었어.

1998년 뉴욕 마라톤 대회에서 42.195킬로미터를 무려 31시간 9분 만에 완주한 여성이 있어 세상을 깜짝 놀라게 했어.

그 여성은 바로 조 코폴로비츠라고 하는 중증 장애인이었어. 겨우 팔다리를 움직일 수 있을 정도의 중증 장애인인 그녀가 어떻게 마라톤을 완주할 수 있었을까?

그녀는 어느 날, 책상 앞에 'Yes I can!'이라는 글을 적어 놓았어. 그리고 항상 그 글을 보면서 조금씩 걷는 연습을 했어. 처음에는 걷는 것조차 힘이 들었지. 하지만 그녀는 포기하지 않고 매일 걷는 연습을 했단다. 그러자 사람들이 물었어.

"왜 그렇게 열심히 걷는 연습을 합니까?"

그녀가 마라톤 대회에 나가기 위해서라고 대답하자 주위 사람들은 깜짝 놀라며 그녀를 말렸어.

"보통 사람도 하기 힘든 마라톤을 당신이 어떻게 할 수 있겠어요. 포기하세요."

하지만 그녀는 결코 포기하지 않았어. 그녀는 아침에 눈을 뜨면 책상 앞에 붙여 놓은 'Yes, I can!'이라는 글을 봤어. 하루 종일 그 문구를 마음 속으로 생각하면서 걷는 연습을 했지. 그러자 조금씩 걷는 속도가 나아지기 시작했어.

 그리고 마침내 마라톤 대회에 참석했지. 상상해 보렴. 중증 장애인이 42.195킬로미터를 무려 31시간 9분 동안 뛰었다고 생각해 봐. 얼마나 고통스러웠을까?

 그녀는 다른 마라토너들에 비해 하루 이상 늦은 시간에 결승선에 골인했어. 그 순간 전세계의 스포츠팬들은 그녀의 의지에 감탄하여 환호를 보냈고, 그녀의 얼굴은 승리의 기쁨으로 가득 차 있었단다.

 뛰어난 리더가 되고 싶니? 그럼 아무리 힘든 상황에 처해 있더라도 자신감을 가져야 한단다. 그리고 끊임없이 도전하렴. 꼴찌보다 더 못난 사람은 어려운 상황에 처했다고 금방 자신감을 잃고 중간에 포기하는 사람이란다.

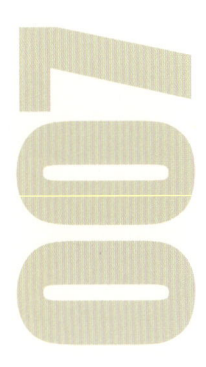

자신감 넘치는 얼굴 표정을 만드는 법

활기찬 표정을 만드는 법은 아주 간단해. 기회가 있을 때마다 큰 소리로 웃어 보렴. 그럼 저절로 얼굴 근육이 위로 올라가기 때문에 밝고 활기찬 표정을 지을 수 있단다.

리더는 좋은 인상을 가지고 있어야 해. 첫인상은 사람을 판단하는 아주 중요한 기준이기 때문이야.

새학년이 되면 처음 보는 친구들이 많을 거야. 그 때 너를 잘 모르는 친구들은 네 첫인상으로 너를 판단한단다.

지금 당장 거울을 보고 네 얼굴을 한번 자세히 살펴보렴. 어때? 네 얼굴에 자신감이 철철 넘친다는 생각이 드니?

마음에 안 든다고 해서 너무 실망할 필요는 없어. **사람의 얼굴에는 80여 개의 근육이 있어서 무려 7천 가지의 표정을 만들 수 있다고 해.** 그러니까 누구나 조금만 노력하면 자신감 넘치는 인상을 만들 수 있는 거야.

자, 우선 거울을 준비하렴. 준비 됐으면 이제 자신감 넘치는 표정을 만들어 보자.

① **진지하고 부드러운 눈을 만드는 법**
부드러우면서도 진지한 눈은 사람들에게 신뢰감을 준단다. 눈을 지그시 뜨고 시선을 오른쪽이나 왼쪽으로 옮기기 전에 45° 각도로 아래쪽을 지그시 내려다보렴. 이렇게 하면 진지하고 부드러운 눈을 만들 수 있단다.

② **자신감 있는 표정을 만드는 법**
자신감 있는 표정을 만들려면 눈을 자주 깜빡거리거나 이리저리 눈을 굴리면 안 돼. 가능한 한 곳을 뚫어지게 쳐다보면서 입가에는 부드러운 미소를 띠는 게 좋단다.

③ **밝고 활기찬 느낌의 표정을 만드는 법**
활기찬 표정을 만드는 법은 아주 간단해. 기회가 있을 때마다 큰 소리로 웃어보렴. 그럼 저절로 얼굴 근육이 위로 올라가기 때문에 밝고 활기찬 표정을 지을 수 있단다.

제게는 아직 12척의 배가 남아 있습니다

만약 이순신 장군이 '배가 12척밖에 없으니 우린 승리할 수 없어.' 라고 생각했다면 어떻게 되었을까? 아마 우리 해군은 왜군에게 크게 패했을 거야.

임진왜란이 일어나자 이순신은 용감하게 왜군에 맞서 싸웠어. 왜군은 남해 바다에서 이순신의 함대를 만나면 "걸음아, 나 살려라." 하고 꽁무니를 뺐지.

하지만 간신들의 모함으로 이순신은 귀양을 가게 된단다. 이순신은 아무런 잘못도 없는 자신을 귀양 보낸 선조 임금을 미워하지 않았어. 그의 마음 속은 오직 나라를 사랑하는 애국심으로 가득 차 있었지.

원균은 이순신을 대신해서 왜적과 싸웠어. 하지만 원균은 무참히 패하고 말았지. 이 때 이순신이 만들어 놓았던 배도 거의 대부분 파괴되고 말았어. 선조 임금은 부랴부랴 이순신에게 다시 전쟁에 참전할 것을 명령했어. 하지만 선조 임금은 남아 있는 배가 거의 없다는 것을 알고 해군을 해산하라는 명령을 내린단다.

"이순신은 해군을 모두 해산하고 육지로 올라와 왜적에 맞서 싸워라. 적의 배는 무려 133척이나 된다고 한다. 이제 바다에서는 그들을 이길 수 없다."

이 소식을 들은 이순신은 곧 선조 임금에게 편지를 썼어.

"전하! 신에게는 아직 12척의 배가 남아 있습니다. 12척의 배가 신에게 있는 한 저는 왜적을 물리칠 수 있습니다."

그리고 이순신은 정말 그의 말대로 명량해전에서 불과 12척의 배로 133척의 왜군을 물리쳤단다.

이게 바로 자신감의 힘이야. 만약 이순신 장군이 '배가 12척밖에 없으니 우린 승리할 수 없어.'라고 생각했다면 어떻게 되었을까? 아마 우리 해군은 왜군에게 크게 패했을 거야. 자신감은 불가능하게 보이는 일도 가능하게 만드는 엄청난 힘을 가지고 있단다.

말 한 마디가 미래를 만든다

빌 게이츠는 "세계 모든 가정, 모든 책상 위에 반드시 하나 이상의 컴퓨터가 놓여 있는 세상을 만들겠다."라는 말을 수도 없이 많이 했어. 그리고 불과 몇십 년 만에 정말 빌 게이츠의 말대로 되었잖아.

우리 속담에 '말이 씨가 된다.'라는 말이 있어. 어떤 말을 하면 그 말이 실제로 이루어진다는 뜻이지. 그게 정말일까?

빌 게이츠는 "세계 모든 가정, 모든 책상 위에 반드시 하나 이상의 컴퓨터가 놓여 있는 세상을 만들겠다."라는 말을 수도 없이 많이 했어.

그 때만 해도 사람들은 터무니없는 말이라고 비웃었지. 하지만 지금 우리 주위를 한번 둘러봐. 불과 몇십 년 만에 정말 빌 게이츠의 말대로 되었잖아.

〈쥐라기 공원〉이라는 영화를 만든 영화감독 스티븐 스필버그는 영화감독이 되기 훨씬 전부터 "나는 세계 최고의 이야기꾼이자 세계 최고의 영화감독이다."라는 말을 했어.

사람들은 그런 그에게 터무니없는 얘기 하지 말라고 충고를 했어. 하지만 스필버그는 결국 자신이 말한 대로 되었지.

네가 아무렇지도 않게 내뱉은 말이 너의 미래가 될 수도 있다는 것을 꼭 명심하렴.

"나는 뭘 해도 안 돼!"라고 말하면 정말 아무것도 이룰 수 없게 될 거야.

네가 내뱉은 말들은 모두 부메랑이 되어 너에게 다시 되돌아온단다.

"나는 자신 있어!", "나는 뭐든지 잘할 수 있을 거야."라는 말을 자주 해 보렴.

부정적인 말보다는 긍정적인 말을, 실패의 말보다는 성공의 말을, 절망적인 말보다는 희망적인 말을 하는 사람에게 성공의 문이 열리는 법이란다.

빌 게이츠나 스티븐 스필버그처럼 자신감 있는 말로 너의 미래를 표현해 보렴. 그럼 너는 분명 성공적인 삶을 살 수 있을 거야.

010 무릎 꿇는 나무 이야기

무릎 꿇는 나무는 매서운 추위와 바람을 이겨 냈어. 그 과정을 통해 무릎 꿇는 나무의 재질은 어떤 나무보다 더 견고해졌지. 그러니 세계에서 가장 좋은 악기를 만드는 재료로 쓰이는 것은 당연한 게 아닐까.

> 나 자신을 낮추고 더 견뎌 내면 좋은 날이 있을 거야.

수목한계선

눈과 비바람이 심하기로 유명한 로키 산맥에는 수목한계선이 있어. 그 이상 더 올라가면 어떤 나무도 살 수 없기 때문에 '수목한계선'이라는 이름이 붙여진 거란다.

그런데 그 수목한계선 위쪽에 자라는 나무가 딱 한 종류 있어. 그 나무

의 이름이 바로 '무릎 꿇는 나무'야. 워낙 바람이 세차게 불고 추워서 나무들이 반듯하게 자라지 못하고 무릎을 꿇은 것처럼 구부정하게 자란다고 해서 붙여진 이름이지.

그런데 신기하게도 이 무릎 꿇는 나무는 세계에서 가장 좋은 악기를 만드는 재료로 쓰인다고 해.

왜 그럴까?

무릎 꿇는 나무는 매서운 추위와 바람을 이겨 냈어. 그 과정을 통해 무릎 꿇는 나무의 재질은 어떤 나무보다 더 견고해졌지. 그러니 세계에서 가장 좋은 악기를 만드는 재료로 쓰이는 것은 당연한 게 아닐까.

살다 보면 가끔은 힘들고 어려운 일이 생기기도 해.

선생님한테 꾸중을 들은 날은 속이 많이 상하기도 하지. 어떤 때는 하던 일을 그만 두고 싶을 때도 있을 거야. 스스로 어떤 목표를 정하고 열심히 노력했는데도, 그 목표를 이루지 못하는 경우도 있을 테고. 하지만 그럴 때에도 자신감만큼은 잃어버리면 안 돼.

어려움 없이 성공한 사람은 이 세상에 아무도 없단다. 지치고 힘들 때는 "이 어려움만 이겨 내면 언젠가 좋은 결과를 얻을 수 있을 거야."라고 스스로를 타일러 보렴. 누구나 힘들고 어려운 일을 겪으면서 조금씩 성숙해져 가는 거란다.

인/물/탐/구
처칠

처칠은 항상 모든 일이 다 잘 될 거라고 믿는 자신감 넘치는 사람이었어요. 히틀러가 제2차세계대전을 일으키자 영국 국민들은 다시 한 번 처칠을 수상으로 임명해야 한다고 입을 모았지요. 다시 영국의 수상으로 임명된 처칠은 의회로 나가 다음과 같은 연설을 하였어요.

"제가 이 나라에 바칠 것은 오직 피, 수고, 눈물, 그리고 땀밖에는 없습니다. 여러분이 만일 나의 정책이 무엇이냐고 묻는다면, 나는 평화를 파괴하는 적과 싸우는 것이라고 대답할 것입니다. 여러분이 또 나의 목표가 무엇이냐고 묻는다면, 나는 승리라고 대답할 것입니다. 승리 없이는 우리가 살아 남을 수 없기 때문입니다."

자신감이 철철 넘치는 처칠의 연설이 끝나자 영국 국민들은 모두 자리에서 일어나 우레와 같은 박수를 보냈어요. 당시 영국 국민들은 바로 처칠과 같은 지도자를 원하고 있었어요. 처칠은 어렵고 힘든 시절에 영국 국민들에게 승리의 확신과 밝은 앞날을 보여주었어요. 영국 국민들은 그런 처칠을 중심으로 똘똘 뭉쳤지요.

그는 2차세계대전 중 총알이 빗발치는 전쟁터에 서서 자신만만한 미소를 띠며 승리의 V 자를 만들어 보여 주는 일을 즐겼어요. 그리고 병사들에게 큰 소리로 외쳤어요.

"모두들 웃으라고. 모든 게 다 잘 될 테니까!"

처칠의 자신감 넘치는 모습을 본 병사들도 자신감이 넘쳐 흘렀어요.

"수상 각하의 모습을 보니 왠지 이번 전쟁에서도 우리가 이길 것 같아."

"나도 그래! 수상 각하의 저 승리의 V 자만 보면 왠지 마음이 놓인다니까."

처칠은 어려운 그 시절에 승리의 V 자를 만들어 보이며 영국 국민들에게 희망을 불어넣어 주었어요. 국민들은 그의 자신감 넘치는 모습을 통해 용기와 희망을 얻을 수 있었지요.

처칠은 자신감이 얼마나 중요한지를 보여 준 위대한 지도자였어요. 그의 자신감은 모든 것을 긍정적으로 생각하는 습관에서 나왔다고 해요. 처칠은 항상 자기 자신을 가리켜 이렇게 말했답니다.

"나는 세상이 점점 좋아지리라고 믿는 낙관주의자다."

#2

리더가 들려 주는 성공 법칙
시간 관리

011 하루에 10분만 더 노력하자
012 시간에 끌려다니지 말아라
013 실천할 수 있는 생활 계획표 짜기
014 처음이자 마지막인 것처럼 살아라!
015 오늘 해야 할 일 찾기
016 월별 달력은 똑똑한 비서
017 내일 할 일을 미리 생각해 두자
018 아무리 작은 약속이라도 꼭 지켜라
019 스트레스를 날려 버리는 시간 활용법
020 집중을 하면 시간이 늘어난다

인물 탐구 _ 만델라

01  하루에 10분만 더 노력하자

하루에 10분은 정말 짧은 시간이야. 하지만 매일 남들보다 10분만 더 노력한다면 무슨 일이든 해낼 수 있을 거야. 네 꿈을 이루고 싶다면 하루에 10분 더 투자해 보렴.

제임스 가필드는 머리가 아주 좋았어. 어렸을 때부터 공부를 아주 잘 해서 항상 1등을 했단다. 그런데 대학교에 들어가서는 항상 2등을 했어. 늘 1등을 차지하는 한 친구 때문이었지. 가필드는 그 친구를 이겨 보기 위해 많은 노력을 했어. 하지만 번번이 실패를 거듭했단다. 그러자 가필드는 이렇게 생각했어.

"그래, 저 친구가 나보다 더 머리가 좋은 거야. 이쯤에서 포기하자."

그러던 어느 날, 학교 기숙사에서 지내고 있던 가필드는 공부를 마치고 자리에 누웠어. 그런데 그 날 따라 잠이 통 안 오는 거야. 가필드는 기숙사 밖으로 산책을 나갔다가 우연히 1등을 도맡아 하는 친구의 방에 불이 켜져 있는 것을 봤어.

"저 친구는 도대체 언제까지 공부를 하는 거지?"

가필드는 계속 창문을 지켜 봤어. 10분쯤 지나자 창문의 불이 꺼졌어.

그 때 가필드는 크게 깨달았다고 해.

"그래, 저 친구가 1등을 하는 것은 머리가 좋아서가 아니라, 나보다 항상 10분 더 공부를 했기 때문이야."

하루 10분이면 1년에 3650분!

그 다음 날부터 가필드는 1등을 하는 친구의 방에 불이 꺼진 뒤, 항상 10분 동안 더 공부를 했다고 해. 그렇게 노력한 덕분에 가필드는 마침내 1등을 할 수 있었단다.

나중에 미국의 대통령이 된 가필드는 이렇게 말했어.

"제가 대통령이 될 수 있었던 것은 남들보다 하루에 10분만 더 노력하는 습관을 들였기 때문입니다."

하루에 10분은 정말 짧은 시간이야. 하지만 매일 남들보다 10분만 더 노력한다면 무슨 일이든 해낼 수 있을 거야. 네 꿈을 이루고 싶다면 하루에 10분만 더 투자해 보렴.

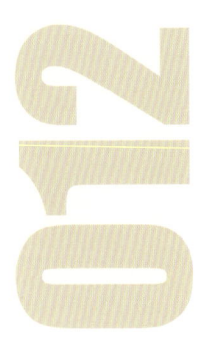

시간에 끌려다니지 말아라

시험 결과를 보고 '좀더 열심히 공부했더라면 좋았을 걸…….' 하고 후회하는 것은 아무 소용이 없단다. 왜냐고? 과거는 이미 지나가 버렸기 때문이지.

"시간이 없어.", "시간이 왜 이렇게 빨리 지나가지."라는 말을 자주 하면서 바쁘게 살아가는 사람은 과연 시간을 잘 관리하는 사람일까?

이렇게 시간에 끌려다니며 바쁘게 하루하루를 보내는 것은 정말 어리석은 짓이란다.

그럼 시간에 끌려다니지 않으려면 어떻게 해야 할까? 그러려면 우선 우리가 가진 시간은 오직 '지금' 밖에 없다는 것을 알고 있어야 해.

놀이터에서 친구들과 놀면서 '내일까지 수학 숙제를 해야 하는데…….' 라고 걱정하는 것은 아무 소용이 없어. 정말 숙제를 꼭 해야 한

다면 지금 당장 집에 가서 숙제를 해야겠지.

마찬가지로 시험 결과가 발표된 후 '좀더 열심히 공부했더라면 좋았을 걸…….' 하고 후회하는 것도 아무 소용이 없단다. 왜냐고? 과거는 이미 지나가 버렸기 때문이지.

흔히 시간을 '과거, 현재, 미래'로 나누지만 실제로 우리가 가질 수 있는 시간은 오직 '현재' 밖에 없단다.

과거는 다시 되돌아갈 수 없는 시간이고, 미래는 아직 오지 않은 머릿속의 추상적인 시간일 뿐이야. 과거나 미래에 대한 걱정을 하면서 소중한 '지금'을 그냥 흘려보내고 있지는 않니?

'지금'을 충실하게 사는 것이 시간에 끌려다니지 않고 사는 유일한 방법이란다. 항상 '지금' 네가 하고 있는 일에 충실하렴.

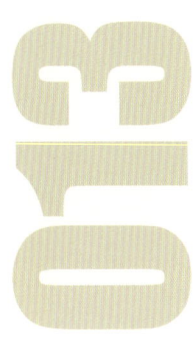

013 실천할 수 있는 생활 계획표 짜기

생활 계획표에 따라 생활해 본 적이 얼마나 되지? 아마 거의 없을걸! 왜 그럴까? 그건 네가 의지가 없어서라기보다 생활 계획표를 짜는 법을 잘 모르기 때문이란다.

누구에게나 하루 24시간이 주어져 있어. 하지만 그 24시간을 알차고 효율적으로 쓰려면 시간 관리를 잘해야 해. 무조건 바쁘게 움직인다고 해서 하루를 알차고 보람 있게 보낼 수 있는 건 아니란다.

가장 좋은 방법은 생활 계획표를 만드는 거야. 방학이 되면 아마 매번 생활 계획표를 만들었을 거야. 그런데 그 생활 계획표에 따라 생활해 본 적이 얼마나 되지? 아마 거의 없을걸! 왜 그럴까? 그건 네가 의지가 없어서라기보다 생활 계획표를 짜는 방법

을 잘 모르기 때문이란다. 실천할 수 있는 생활 계획표를 짜는 방법을 알려 줄게. 잘 읽어 보고 이번엔 정말 제대로 된 생활 계획표를 짜 보렴.

① 여유 시간을 충분히 두어라
열심히 짠 생활 계획표대로 생활하지 못하는 가장 큰 원인은 바로 여유 시간을 두지 않았기 때문이야. 욕심만 앞서서 너무 빡빡하게 생활 계획표를 짜면 실천하기가 힘들어진단다.

② 취침 시간을 일정하게 하라
하루 24시간이 모자란다고 해서 잠자는 시간을 너무 많이 줄여서는 안 돼. 그리고 잠을 자는 시간은 매일 일정해야 한단다. 피로가 쌓이면 오히려 몸이 피곤해져서 시간 관리가 제대로 안 된단다.

③ 구체적으로 계획을 세워라
생활 계획표를 짤 때는 막연하게 그냥 '공부'라고 쓰지 말고, 그 시간에 구체적으로 어떤 공부를 얼마만큼 할 것인지를 기록해 놓은 게 더 효과적이란다.

④ 책상 앞에 달력과 생활 계획표를 붙여 두어라
생활 계획표를 잘 짠 후에는 책상 앞에 붙여 두어야 해. 그리고 생활 계획표 옆에는 1년을 한꺼번에 볼 수 있는 달력을 붙여 두는 것이 좋단다.

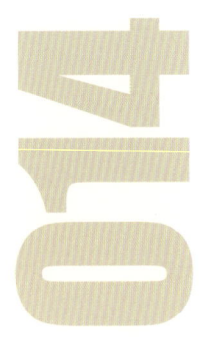

처음이자 마지막인 것처럼 살아라!

네가 처음 학교에 입학했을 때를 한번 생각해 보렴. 처음 인라인을 탔을 때, 처음 수영을 했을 때, 처음 소풍을 갔을 때를 생각해 보렴. 어때? 처음 뭔가를 할 때는 항상 설렘과 기대감으로 가득 차 있었지?

"오늘이 마치 내 인생의 최초의 날인 것처럼 살아라. 그리고 오늘이 인생의 마지막 날인 것처럼 살아라!"

이 말은 독일의 극작가인 하우프만이 남긴 말이란다.

이 말이 도대체 무슨 뜻일까?

오늘이 내 인생의 최초의 날인 것처럼 살라는 말은 하루하루를 항상 새롭게 살라는 뜻이야.

처음은 항상 신선하고 새로워. 네가 처음 학교에 입학했을 때를 한번 생각해 보렴. 처음 인라인을 탔을 때, 처음 수영을 했을 때, 처음 소풍을 갔을 때를 생각해 보렴. 어때? 처음 뭔가를 할 때는 항상 설렘과 기대감으로 가득 차 있었지?

이렇게 오늘이 내 인생의 최초의 날인 것처럼 기대와 설렘을 가지고 살라는 말이야.

그렇다면 오늘이 마지막 날인 것처럼 살라는 것은 무슨 의미일까?

내일 지구가 멸망한다고 한번 생각해 보렴. 오늘이 네 인생의 마지막 날이라면 너는 아마 너에게 주어진 시간을 무척 소중하게 생각하며 1분 1초도 아껴 쓰려고 할 거야.

그러니까 오늘이 마지막 날인 것처럼 살라는 말은 매순간마다 최선을 다해 살라는 뜻인 거야.

항상 오늘이 네 인생의 최초의 날이자 마지막 날인 것처럼 생각하렴.

그럼 시간이 얼마나 소중한지 알 수 있을 거야. 그리고 똑같이 주어진 시간도 더욱 값지게 보내게 될 거야.

오늘 해야 할 일 찾기

훌륭한 리더로서 성공하고 싶니? 그럼 네가 오늘 무엇을 해야 하는지부터 잘 알고 있어야 한단다. 그리고 그 일을 하기 위해 하룻동안 자기에게 주어진 시간을 잘 관리해야 하지.

미국의 제3대 대통령인 토마스 제퍼슨은 "오늘 할 일을 내일로 미루지 말라."라는 명언을 남겼어. 만약 오늘 할 일을 내일로 미룬다면, 내일 할 일은 어떻게 해야 할까? 또 모레로 미룰 수밖에 없겠지? 이런 식으로 자꾸 할 일을 내일로 미루다 보면 아무 일도 이루지 못하게 될 거야. 따라서 오늘 할 일은 꼭 오늘 안에 해결해야 한단다.

그런데 어떤 어린이들은 자기가 오늘 꼭 해야 할 일이 무엇인지도 모르고 있는 경우가 있어. 훌륭한 리더로서 성공하고 싶니? 그럼 네가 오늘 무엇을 해야 하는지부터 잘 알고 있어야 한단다. 그리고 그 일을 하기 위해 하룻동안 자기에게 주어진 시간을 잘 관리해야 하지.

이번엔 오늘 해야 할 일을 찾는 방법을 알려 줄게. 그전에 먼저 다음 질문에 대답해 보자.

★ 어른이 되어서 하고 싶은 일은?

★ 한 달 동안 해야 할 일은?

★ 일 주일 동안 할 일은?

★ 오늘 꼭 해야 할 일은?

예를 들어 일 주일 동안 영어 단어 35개를 외워야겠다고 결심했다고 하자. 그러면 오늘 해야 할 일 중에는 '영어 단어 5개 외우기.'가 들어가야 할 거야. 마찬가지로 한 달 동안 국어, 영어, 수학, 과학, 사회 다섯 과목을 공부하기로 결심했다면, 일 주일에 적어도 한 과목은 공부해야겠지. 그럼 오늘은 그 과목을 얼마만큼 공부해야 하는지도 저절로 알게 될 거야.

이처럼 '오늘 해야 할 일'을 정하려면 우선 '어른이 되어서 하고 싶은 일', '한 달 동안 해야 할 일', '일 주일 동안 해야 할 일' 등을 먼저 정하렴. 그러면 '오늘 해야 할 일'이 무엇인지 분명하게 알게 될 거야. 먼저 큰 목표를 정해 놓으면 오늘 해야 할 일도 쉽게 찾을 수 있단다.

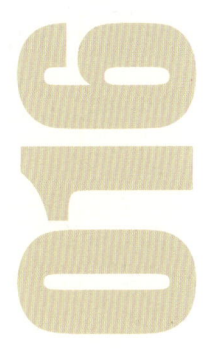

016

월별 달력은 똑똑한 비서

월별 달력에 '친구 생일, 부모님 생신' 등도 적어 두렴. 그럼 월별 달력은 너를 사랑받는 아이로 만들어 주는 똑똑한 비서가 되어 줄 거야.

네가 초등학교에 처음 입학했을 때를 한번 생각해 보렴. 정말 눈 깜짝할 사이에 고학년이 되지 않았니?

시간은 그렇게 빨리 지나간단다. 그리고 한 번 지나간 시간은 절대 다시 되돌아오지 않아. 그러니까 어려서부터 시간을 효율적으로 쓰는 법을 알고 있어야 한단다.

시간을 효율적으로 쓰려면 월별 달력을 이용하는 게 가장 효과적이야. 월별 달력을 이용하면 다음과 같은 좋은 점이 있단다.

① 한 달 동안 해야 할 일을 한눈에 확인할 수 있다

월별 달력에 어느 날 학원에서 단어 시험을 보는지, 어느 날 어떤 준비물을 가지고 가야 하는지, 어느 날 친구와 약속이 있는지 등을 써 넣어 보렴. 그럼 한눈에 네가 한 달 동안 해야 할 일을 알 수 있기 때문에 시간을 효율적으로 사용할 수 있단다.

② 계획을 세우기 편하다

월별 달력에 한 달 동안 해야 할 일이 적혀 있기 때문에 친구와 약속을 잡는다거나, 어떤 계획을 세우기가 아주 쉬워.

③ 네 목표와 계획을 체크하기 쉽다

네가 어떤 목표를 세웠을 때 그 목표가 어떻게 진행되었는지를 쉽게 알 수 있어. 예를 들어 이번 한자 시험에서 100점 맞는 것을 목표로 세웠다고 생각해 보자. 그럼 한자 시험에서 100점 맞기 위해 언제 얼마만큼 한자를 외워야 하는지 월별 달력에 기록해 두는 거야.

월별 달력에 '친구 생일, 부모님 생신' 등도 적어 두렴. 그럼 월별 달력은 너를 사랑받는 아이로 만들어 주는 똑똑한 비서가 되어 줄 거야.

017 내일 할 일을 미리 생각해 두자

내일 할 일을 미리 생각해 두면 아침에 일어나자마자 곧바로 행동에 옮길 수 있을 거야. 하지만 아무런 준비도 없이 다음 날 아침에 눈을 뜨면 어떻게 될까?

인간이 80세까지 산다고 가정했을 때 일생을 시간으로 따지면 몇 시간을 사는지 아니?

놀라지 마. 무려 70만 시간을 사는 셈이란다. 그 가운데 수면 시간(평균 8시간)을 빼면 깨어 있는 시간은 약 47만 시간이 되는 셈이지. 하지

만 47만 시간을 모든 사람이 유용하게 사용하고 있는 건 아니란다.

실패하는 사람들은 아무런 계획 없이 내일을 맞이해. 반면에 성공하는 사람들은 다음 날 해야 할 일을 미리 생각해 둔단다.

성공하는 리더가 되고 싶지 않니? 그럼 무엇보다 내일의 시간을 어떻게 보내야 할지를 미리 생각해 두는 습관을 길러야 한단다.

앞으로는 잠들기 전에, 다음 날 해야 할 일을 미리 생각해 보렴. 예를 들어 내일이 '노는 토요일'이어서 박물관에 가기로 했다고 하자. 그럼 잠을 자기 전에 시간별로 내일 할 일에 대해 미리 생각해 보는 거야.

'아침 8시에 일어나서, 9시까지 아침을 먹고 준비를 마친다. 10시에 지하철을 타고 박물관에 간다. 1시에 점심을 먹고, 2시에는 어린이 박물관도 둘러본다. 그리고 4시에 버스를 타고 집으로 돌아온다.'

이렇게 내일 할 일을 미리 생각해 두면 아침에 일어나자마자 곧바로 행동에 옮길 수 있을 거야. 하지만 아무런 준비도 없이 다음 날 아침에 눈을 뜨면 어떻게 될까?

각 분야에서 성공한 리더들은 소중한 '내일의 시간'을 어떻게 써야 할지 미리 생각하는 습관을 가지고 있었단다.

아무리 작은 약속이라도 꼭 지켜라

대통령이 주최하는 만찬이 신문 배달 소년과 만나기로 한 시간과 겹쳤단다. 시인은 잠시 동안 고민을 하다 대통령에게 전보를 쳤어.

독일의 한 시인의 이야기야. 시인은 아주 가난하게 살고 있었어. 어느 날, 시인은 산책을 나갔다가 한 소년이 길에서 울고 있는 모습을 보게 되었어. 가까이 가 보니 소년 주변에는 신문이 어지럽게 흩어져 있었단다.

"얘야, 왜 그러니?"

"제 실수로 신문을 그만 웅덩이에 빠트리고 말았어요."

소년의 가정 형편으로는 훼손된 신문의 값을 보상할 수가 없었어.

시인은 소년의 어깨를 두드려 주며 자신의 지갑을 찾았어. 그런데 시인의 주머니에는 지갑이 없었어. 집에 두고 왔던 거지.

"얘야, 내가 오늘 깜박 잊고 지갑을 집에 두고 왔구나. 내일 이 자리에서 다시 만나도록 하자. 내가 이 신문 값을 물어 주마."

"정말이요?"

소년은 너무 기뻐하며 울음을 뚝 그쳤어.

"그럼, 약속하마."

그런데 그 날 저녁 시인은 아주 뜻밖의 전보를 받았어.

귀하를 대통령이 주최하는 만찬에 초대합니다.
만찬이 끝난 후 귀하에게 창작 지원금을 전달하도록 하겠습니다.

시인은 너무 기뻤어. 하지만 하필 대통령이 주최하는 만찬이 신문 배달 소년과 만나기로 한 시간과 겹쳤단다. 시인은 잠시 동안 고민을 하다 대통령에게 전보를 쳤어.

*정말 기쁜 소식입니다.
하지만 내일은 중요한 약속이 있어서 갈 수가 없습니다. 죄송합니다.*

너는 친구들과의 약속을 잘 지키는 편이니? 약속을 했다면 아무리 하찮은 약속이라도 꼭 지켜야 해. **약속 시간에 늦거나, 약속을 지키지 않는 것은 상대방의 기대를 저버리는 거란다.** 리더는 친구들과의 약속을 항상 정확히 지킬 줄 알아야 해. 그래야 친구들로부터 믿음을 얻을 수 있단다.

019 스트레스를 날려 버리는 시간 활용법

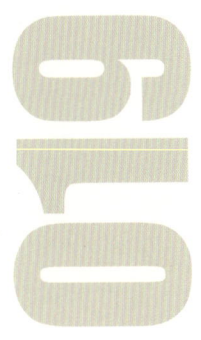

스트레스를 줄이려면 생활 리듬이 일정해야 해. 불규칙적으로 생활하면 피로가 쌓이고, 피로는 스트레스의 원인이 된단다.

옛날에는 어른들만 스트레스를 받는다고 생각했어. 그런데 어찌된 일인지 요즘은 어린이들도 어른 못지않게 스트레스를 많이 받는다고 해.

대부분의 사람들은 스트레스를 많이 받으면 음식을 많이 먹게 돼. 그래서 점점 살이 찌게 되지. 또 괜히 주위 친구들에게 화를 많이 내기도 하지. 그래서 스트레스가 쌓이면 그날그날 날려 버려야 한단다.

스트레스를 푸는 네 가지 방법을 알려 줄 테니 잘 보고, 머리가 무겁고 피곤하다고 느껴질 때는 꼭 실천해 보렴.

① 두뇌를 쉬게 한다

두뇌에 피로가 쌓이면 공부가 잘 안 되고 기분이 안 좋아져서 스트레스가 쌓이게 돼. 아무리 바빠도 하루 30분 정도는 스트레칭을 하거나 걷는 것이 좋단다.

② 규칙적으로 생활해야 한다

스트레스를 줄이려면 생활 리듬이 일정해야 해. 어떤 날은 저녁 8시에 자고, 또 어떤 날은 새벽 1시에 자는 습관은 얼른 고쳐야 해. 이렇게 불규칙적으로 생활하면 피로가 쌓이고, 피로는 스트레스의 원인이 된단다.

③ **부모님이나 친구들과 자주 이야기를 한다**
고민이 있다고 혼자 끙끙 앓다 보면 스트레스가 더 쌓여. 고민이 있을 때는 주위 사람들에게 네 마음을 털어놓고 이야기를 해 보렴.

④ **놀 때는 열심히 논다**
매일 공부만 한다고 우등생이 되는 건 아니야. 노는 토요일이나 주말에는 느긋하게 여유로운 시간을 가지는 것이 좋단다.

020 집중을 하면 시간이 늘어난다

1시간 동안 친구들과 함께 영어 단어를 외워 보렴. 아마 20개의 단어를 외운 친구도 있을 것이고, 10개를 외운 친구도 있을 거야. 왜 이런 일이 일어나는 걸까? 바로 '집중력의 차이' 때문이란다.

    1시간 동안 친구들과 함께 영어 단어를 외워 보렴. 그리고 나서 얼마나 많이 영어 단어를 외웠는지 서로 비교해 보렴. 아마 20개의 단어를 외운 친구도 있을 것이고, 10개를 외운 친구도 있을 거야.

    왜 이런 일이 일어나는 걸까? 바로 '집중력의 차이' 때문이란다.

    20개의 단어를 외운 친구는 1시간 동안 집중해서 단어를 외운 거야. 반면에 10개밖에 못 외운 친구는 이것저것 다른 생각을 하며 단어를 외우고 있었던 거지.

집중력을 위한 명상은 기분까지 맑게 해 준단다.

단어를 10개밖에 못 외운 친구는 1시간을 더 공부해야 20개를 외운 친구를 따라잡을 수 있을 거야. 즉 20개의 단어를 외운 친구는 1시간을 번 셈이 되는 거지.

이처럼 집중력이 좋으면 남들보다 시간을 더 효율적으로 사용할 수 있단다.

이번엔 집중력을 기르는 간단한 방법을 알려 줄게.

집중력을 기르는 숫자 빼기법

이 훈련은 100이라는 숫자에서 세 개씩 숫자를 빼 가는 방식이야. 숫자를 빼는 데 집중하다 보면 다른 생각을 하지 않게 된단다.

예) 100-3=97, 97-3=94, 94-3=91, ······.

단, 숫자 빼기를 할 때는 꼭 눈을 감고 말소리도 내지 말고 입술도 움직여서는 안 된단다.

집중력을 기르는 명상법

① 책상 다리를 하고 앉는다.
② 숨을 깊이 들이마시며 고요함에 젖는다고 생각한다.
③ 잠깐 숨을 멈춘다. 이 때 세상 모든 것들이 멈추었다고 생각한다.
④ 숨을 내쉬며 살짝 미소를 짓는다.

인 / 물 / 탐 / 구
만델라

1990년 2월 11일, 드디어 만델라는 27년간의 감옥 생활에서 풀려나 자유의 몸이 되었어요.

"만델라 만세!"

수많은 사람들이 모여 만델라를 환영했어요. 전세계의 많은 사람들도 만델라의 얼굴을 보기 위해 텔레비전 앞으로 모여들었지요. 도대체 만델라가 누구이기에 이렇게 환영하는 걸까요?

만델라는 남아프리카에서 차별 받는 흑인들을 위해 싸우다가 백인들에 의해 감옥에 갇힌 인권 운동가예요. 백인들은 그를 감옥에 가두어 두면 흑인 인권 운동은 곧 끝날 거라고 생각했어요. 하지만 만델라는 27년 동안 감옥에 갇혀 있으면서도 자기에게 주어진 24시간을 헛되이 보내지 않고 백인들과 싸웠어요.

만델라는 비좁은 독방에 갇혔어요. 방은 너무 좁아 세 발짝 정도만 겨우 움직일 수 있었지요. 하지만 만델라는 좌절하지 않았어요.

"감옥이라고 해서 달라질 것은 없다. 내게 주어진 하루 24시간을 소중하게 생각하고 잘 사용한다면 언젠가 큰 뜻을 이룰 수 있을 거야."

감옥에는 시계도 없고 달력도 없어 죄수들은 시간도 날짜도 알 수 없었어요. 그저 종 소리와 간수들 호각 소리에 따라 밥을 먹고 일을 하고 잠을 잘 뿐이었지요. 하지만 만델라는 허무하게 시간을 흘려보내지 않

앉아요. 만델라는 아침에 눈을 뜨면 맨 먼저 건강 관리를 위해 맨손체조를 했어요. 그리고 그는 자신에게 주어진 짧은 자유 시간을 이용해서 틈틈이 채소를 가꾸며 마음을 다스렸어요. 저녁에는 흑인들에게 공부를 가르쳤고, 잠들기 전에는 자기 계발을 위해 항상 책을 읽었지요.

그렇게 많은 세월이 지났어요. 보통 사람들 같으면 감옥에서 풀려날 생각만 하고, 감옥에서의 시간은 아무렇게나 써 버렸을 거예요. 하지만 만델라는 하루도 쉬지 않고, 자기가 계획한 대로 하루 24시간을 보냈어요.

그리고 27년 후, 마침내 감옥에서 나오게 된 만델라는 남아프리카의 대통령이 되었어요. 1993년에는 노벨 평화상을 수상하였지요. 만델라의 성공은 그가 하루, 하루의 시간을 소중하게 여겼기 때문에 이룰 수 있었던 거예요.

누구에게나 24시간은 공평합니다. 하지만 그 시간을 어떻게 가꾸느냐에 따라 결과는 달라지지요.

시간은 소중해.

#3

리더가 들려 주는 **성공 법칙**

배려

021 남의 입장을 배려하는 마음
022 친구들의 생일을 기억해라
023 명령하는 말 vs 부탁하는 말
024 리더는 다른 사람에게 너그러워야 한다
025 친구들의 입장을 존중하는 마음을 갖자
026 누구나 마음만 있으면 배려를 실천할 수 있다
027 줄어들지 않는 물
028 친구의 잘못은 작은 소리로 말해 주자
029 친구를 배려하는 습관 기르기 1
030 친구를 배려하는 습관 기르기 2
인물 탐구 _ 마더 테레사

021 남의 입장을 배려하는 마음

밀레는 아주 깜짝 놀랐어. 루소의 집 거실에 밀레가 미국인에게 판 그림이 걸려 있었거든. 루소는 밀레의 자존심을 지켜 주기 위해서 자신의 돈으로 그림을 사고 그렇게 거짓말을 했던 거야.

　〈만종〉〈이삭줍기〉 등을 그린 유명한 화가 밀레를 아니? 현재 그의 그림은 돈을 주고도 살 수 없을 만큼 아주 비싸단다. 하지만 밀레가 젊었을 때에는 그의 그림은 거의 한 장도 팔리지 않아 매우 가난했어.
　어느 날, 친구인 루소가 그를 찾아왔어. 루소는 당시 아주 잘나가는 화가였어.
　"이보게 친구, 좋은 소식이 있네. 한 미국인에게서 자네의 그림을 사겠다는 연락이 왔지 뭔가."
　"뭐, 정말인가?"
　"그렇다네. 나에게 그림을 골라 오라고 하면서 이렇게 돈까지 주었다네. 자, 자네 그림값일세."
　밀레는 그 돈으로 물감과 음식을 살 수 있게 되어 너무 기뻤어.
　그로부터 몇년 후, 유명한 화가가 된 밀레는 루소의 집을 찾아갔어. 그런데 루소의 집에 발을 들여 놓는 순간, 밀레는 아주 깜짝 놀랐어. 루소의 집 거실에 밀레가 미국인에게 판 그림이 걸려 있었거든. 루소는 밀레의 자존심을 지켜 주기 위해서 자신의 돈으로 그림을 사고 그렇게 거짓말을 했던 거야. 밀레는 친구의 따뜻한 마음을 생각하며 루소의 손을 꼭 잡았단다.

　리더는 여러 가지 능력을 갖추고 있어야 해. 결단력도 있어야 하고, 추진력도 있어야 하고, 카리스마도 있어야 하지. 하지만 그 중에서도 가장 중요한 것은 바로 친구의 입장을 배려하는 마음이란다.

　어려움에 처한 친구를 도와 줄 때는 친구의 입장을 잘 배려해야 해. 예를 들어 현장 학습을 갔는데 친구가 도시락을 안 싸가지고 온 거야. 그럴 때는 "내가 좀 줄게."라고 말하는 것보다는, "우리 같이 먹지 않을래?"라고 말하는 게 더 좋단다.

친구와 나누어 먹으니까 더욱 맛있어!

022 친구들의 생일을 기억해라

친구들이 너에게 잘해 주기를 바라기 전에, 네가 먼저 친구들에게 잘해 주는 건 어떨까? 특히 리더는 반 친구들 모두에게 관심을 가지고 배려할 줄 알아야 해.

발렌타인 데이가 되면 교실에는 초콜릿이 넘쳐나. 그 중에는 초콜릿을 아주 많이 받는 아이들도 있고, 하나도 못 받는 아이들도 있지. 너는 어떤 쪽에 속하니?

초콜릿을 못 받은 아이들은, 초콜릿을 많이 받은 친구를 부러운 눈으로 쳐다볼 거야.

"우와, 너 정말 좋겠다. 이게 다 초콜릿이야?"

"왜 친구들이 네게만 초콜릿을 이렇게 많이 주지?"

과연 그 친구는 어떻게 해서 초콜릿을 많이 받을 수 있었을까? 그건 바로 그 친구가 평소에 다른 친구들을 잘 챙겨 주었기 때문이란다.

우리 속담에 "가는 정이 있어야 오는 정이 있다."라는 말이 있어. 즉 내가 먼저 남에게 잘해야 남도 나에게 잘한다는 뜻이지.

친구들이 너에게 잘해 주기를 바라기 전에, 네가 먼저 친구들에게 잘해 주는 건 어떨까? 특히 리더는 반 친구들 모두에게 관심을 가지고 배려할 줄 알아야 해.

　너는 친구들의 생일을 얼마나 많이 기억하고 있니? 친구들의 생일은 하나도 기억하지 못하면서 자기 생일만 축하 받고 싶어한다면 그것은 정말 이기적인 생각이란다.

　네가 먼저 친구의 생일을 기억하고 진심으로 축하해 주렴. 그렇게 네가 먼저 친구들에게 관심을 가지고 다가가면 친구들도 너에게 좀더 관심을 보일 거야.

명령하는 말 VS 부탁하는 말

"원경아, 창문 청소 좀 도와 주지 않을래? 네가 창문 청소는 우리 반에서 제일 잘하잖아."라고 말하면 친구들은 네가 부탁한 일을 기분 좋게 도와 줄 거야.

리더가 되면 친구들에게 이것저것 마구 시켜도 된다고 생각하는 어린이들이 있어. 하지만 리더는 친구들에게 명령하는 사람이 아니란다.
회장이나 부회장이 되었다고 해서 친구들에게,
"원경아, 창문 청소 좀 해라."
"은지야, 넌 바닥을 닦아야지."
라고 명령하는 투로 말을 한 적은 없니?
진정한 리더는 명령하는 대신 도와 달라고 부탁을 한단다.
"원경아, 창문 청소 좀 도와 주지 않을래?"
"은지야, 네가 바닥 청소를 좀 해 주었으면 좋겠는데."
이렇게 부탁의 말을 하면 오히려 친구들이 네 말을 더 잘 따를 거야.
집에서 엄마가 네게 심부름을 시키실 때를 한번 생각해 봐.
"지우야, 슈퍼마켓에 가서 두부 좀 사 와라!"라고 말씀하실 때보다,
"지우야, 바쁘지 않으면 엄마 일 좀 도와 주지 않을래? 슈퍼마켓에 가서 두부 좀 사다 줬으면 좋겠는데."라고 하실 때 도와 드리고 싶은 마음이 더 생기잖아?
그리고 **친구들에게 무언가를 부탁할 때는, 그 친구**

가이 일에 꼭 필요한 사람이라는 것을 강조하는 것이 좋단다.

"원경아, 창문 청소 좀 도와 주지 않을래? 네가 창문 청소는 우리 반에서 제일 잘하잖아."

라고 말하면 친구들은 네가 부탁한 일을 기분 좋게 도와 줄 거야.

최고의 리더가 되고 싶니? 그럼 친구들에게 명령하듯 말하지 말고, 부탁하는 말투로 말해 보렴.

리더는 다른 사람에게 너그러워야 한다

어느 날 나폴레옹이 순찰을 돌고 있었어. 그런데 한 병사가 초소에서 총을 내려놓고 꾸벅꾸벅 졸고 있는 거야. 전쟁터에서 병사가 총을 내려놓고 잠을 자는 것은 용서 받을 수 없는 일이었어.

나폴레옹은 "내 사전에는 불가능이란 없다."라는 말을 할 정도로 자신감이 넘치는 사람이었어. 그는 항상 강한 리더십으로 부하들을 이끌었지. 하지만 나폴레옹은 마음도 따뜻한 사람이었어. 그는 부하들의 입장을 배려할 줄 아는 장군이었단다.

어느 날 나폴레옹이 순찰을 돌고 있었어. 그런데 한 병사가 초소에서 총을 내려놓고 꾸벅꾸벅 졸고 있는 거야. 전쟁터에서 병사가 총을 내려놓고 잠을 자는 것은 용서 받을 수 없는 일이었어. 다른 장군들 같았으면 당장 그 병사에게 벌을 내렸을 거야.

하지만 나폴레옹은 바닥에 떨어져 있는 총을 들고 병사 대신 보초를 섰단다. 한참 만에 잠에서 깨어난 병사는 너무 깜짝 놀라 눈이 휘둥

그레졌어. 사령관이 자기 대신 총을 들고 보초를 서고 있다니! 병사는 얼른 일어나서 차렷 자세를 취했어.

"사령관님! 큰 잘못을 저질렀습니다. 저를 벌해 주십시오."

그러자 나폴레옹은 병사에게 총을 넘겨 주며 말했단다.

"괜찮네. 누구나 한 번은 실수할 수 있는 거야."

나중에 이 일에 대해 듣게 된 다른 병사들은 나폴레옹을 더욱 존경하게 되었다고 해.

리더는 자신에게는 엄격해야 해. 하지만 다른 사람에게는 너그러워야 한단다. 친구들이 잘 따르는 리더가 되고 싶다면 이 말을 꼭 기억하고 있어야 해.

예를 들어 선생님이 친구들을 조용히 시키라고 했다고 생각해 보자. 이 때 너는 어떻게 할 거니? 무조건 조금이라도 떠드는 사람의 이름을 칠판에 적을 거니? 그렇게 하는 것보다는 한두 번은 너그럽게 눈을 감아 주는 게 어떨까. 떠든 친구들에게 "다음에 또 떠들면 정말 이름을 적을 거니까 이제 떠들지 않기다."라고 말해 준 다음, 다음에 또 떠들면 그 때 이름을 적는 게 어떨까?

인기 있는 리더가 되려면 친구들의 잘못을 너그럽게 용서할 줄도 알아야 한단다.

025 친구들의 입장을 **존중하는 마음**을 갖자

진정한 리더는 친구들의 입장을 존중하는 마음을 가지고 있어야 해. 아무리 리더십이 뛰어난 어린이도 친구들을 진심으로 존중하는 마음이 없다면 최고의 리더가 될 수 없단다.

옛날, 중국에 양주라고 하는 현명한 형과 양포라고 하는 아우가 함께 살고 있었어. 어느 날 양포는 하얀 옷을 입고 외출을 했어. 그런데 갑자기 비가 쏟아지는 바람에 양포의 옷이 다 젖어 버렸지. 그래서 그는 친구 집에서 검은 옷을 빌려 입고 집으로 돌아왔단다.

그런데 양포가 기르는 개가 갑자기 그를 향해 짖기 시작했어. 개는 주인이 하얀 옷을 입고 나가는 모습만 보았고 검은 옷을 입은 모습은 못 보았어. 그래서 양포가 도둑인 줄 착각했던 거야. 양포는 화가 나서 개를 걷어찼어.

"아니, 이 개가! 제 주인도 몰라보고!"

그러자 양주가 나서서 동생을 말렸어.

"화낼 것 없다. 입장을 바꿔서 생각해 보거라."

"네에? 입장을 바꿔서 생각해 보라니요?"

"네 개가 흰 개로 집을 나섰다가 검정 개로 변해 돌아왔다고 생각해 보거라. 넌 네 개를 알아보겠느냐? 어찌하여 넌 개의 입장을 존중할 줄 모르냐?"

사람들은 보통 자기 생각이 항상 옳다고 믿어. 그래서 다른 사람의 입장은 존중해 주지 않고, 자기 주장만 내세울 때가 많지.

하지만 진정한 리더가 되려면 이런 편협한 생각부터 버려야 한단다. 친구가 어떤 말과 행동을 할 때에는 다 그럴 만한 이유가 있게 마련이야. 네 생각과 다르다고 무턱대고 친구의 의견을 무시하는 건 어리석은 행동이란다. 그보다는 친구가 왜 그런 말과 행동을 하는지 그 이유를 알아보려고 노력해 보렴.

진정한 리더는 친구들의 입장을 존중하는 마음을 가지고 있어야 해. 아무리 리더십이 뛰어난 어린이도 친구들을 진심으로 존중하는 마음이 없다면 최고의 리더가 될 수 없단다.

누구나 마음만 있으면 배려를 실천할 수 있다

'다른 사람들을 배려하면서 살아야지.' 하고 마음 속으로만 생각하고 있는 건 아무 소용이 없어. 네 마음을 열고 겉으로 그것을 표현해야 한단다.

한 해가 저물어 갈 때 구세군 냄비를 보고, '아, 우리 주변에는 불쌍한 이웃이 있었지?' 하는 생각을 해 본 적 있지? 너도 아마 종종걸음으로 다가가서 구세군 냄비에 돈을 넣어 본 적이 있을 거야.

이런 마음이 바로 이웃에 대한 배려란다.

길을 가다가 어린 아이가 넘어져 울고 있는 모습을 본 적이 있지? 그 때 얼른 달려가서 아이를 일으켜 세워 준 적이 있을 거야. 또 어려운 일을 당한 친구를 도와 주었던 적도 있을 테고. 이런 마음이 바로 배려란다.

사람들이 이런 행동을 하는 것은 칭찬을 받기 위해서가 아니야. 길에 넘어져 있는 아이의 엄마에게 칭찬을 받기 위해 아이를 일으켜 세워 준 것은 아닐 거야. 친구에게 잘 보이기 위해 어려운 친구를 도와 주는 것도 아닐 테고.

배려는 그냥 우리 마음에서 우러나오는 자연스러운 행동이란다. 세상에는 많은 배려가 있어. 가족간의 배려, 친구간의 배려, 형제간의 배려, 선생님에 대한 배려, 이웃간의 배려, 강아지에 대한 배려, 자연에 대한 배려……

이 중에 너는 얼마나 많은 배려를 실천하고 있니?

혹시 "마음은 있는데 쑥스러워서……."라고 말하고 있지는 않니?

그렇다면 얼른 생각을 바꿔야 한단다. 아무리 좋은 향수라도 병 안에 있을 때는 아무 쓸모가 없어. 마개를 열고 뿌려야 비로소 향기를 내뿜을 수 있는 것이지. 남을 배려하는 마음도 이와 같단다.

'다른 사람들을 배려하면서 살아야지.' 하고 마음 속으로만 생각하고 있는 건 아무 소용이 없어. 네 마음을 열고 겉으로 그것을 표현해야 한단다.

배려는 가진 것이 많아야 할 수 있는 게 아니야. 진심으로 우러나오는 마음만 있으면 누구나 배려를 실천할 수 있단다.

줄어들지 않는 물

꿀꺽! 꿀꺽! 다섯 명의 대원들은 모두 물을 실컷 마셨어. 마지막으로 탐험 대장의 차례가 되었지. 그런데 이게 어떻게 된 일일까? 물통의 물은 조금도 줄어들지 않고 처음 그대로 남아 있었어.

탐험 대장과 다섯 명의 대원들이 함께 사막 탐험을 떠났어. 대원들은 모두 남을 배려할 줄 아는 사람들이었지. 탐험 대장은 그런 대원들이 곁에 있어 마음이 든든했단다.

그런데 탐험 대원들은 그만 사막에서 길을 잃고 말았어. 목마름에 지친 대원들은 더위를 이기지 못하고 하나 둘 주저앉기 시작했어. 남은 물이라고는 탐험 대장이 가지고 있는 물통의 물밖에 없었지. 탐험 대장은 지친 대원들을 위해 자신의 물통을 내밀었어.

"얼마 안 되는 물이지만 조금씩 나눠 먹도록 하세."

그러자 탐험 대원들은 서로 먼저 물을 먹겠다고 다투기 시작했어.

'아, 그토록 서로를 아끼던 대원들도 목마름 앞에서는 어쩔 수가 없구나…….'

탐험 대장이 차례를 정해 주자 대원들은 순서대로 돌아가며 물을 마셨어.

꿀꺽! 꿀꺽! 다섯 명의 대

원들은 모두 물을 실컷 마셨어. 마지막으로 탐험 대장의 차례가 되었지. 그런데 이게 어떻게 된 일일까? 물통의 물은 조금도 줄어들지 않고 처음 그대로 남아 있었어.

다섯 명의 대원들은 모두 다른 사람에게 물을 양보하기 위해 물을 마시는 흉내만 냈던 거야.

어렸을 때는 부모님이 너를 위해 모든 것을 양보해 주셨을 거야. 맛있는 것도 늘 너부터 먼저 먹게 하고, 텔레비전 채널도 네가 보고 싶은 것을 보게 해 주셨을 거야. 하지만 이제부터는 너도 남에게 양보를 해 보렴. 남에게 양보를 하면 몸은 힘들지만 마음은 오히려 뿌듯해진단다.

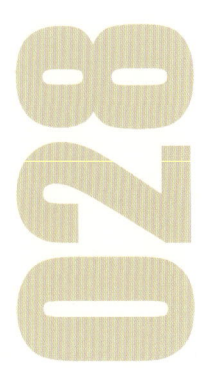

친구의 **잘못**은 **작은 소리**로 말해 주자

친구가 실수를 저질렀을 때는 '사람은 누구나 실수를 할 수 있다.'는 것을 꼭 기억하렴. 그리고 친구의 자존심이 상하지 않게 아주 작은 소리로 잘못을 말해 주렴.

성경 말씀 중에 "자기 눈에 든 들보는 보지 못하고, 남의 눈에 든 티끌은 잘 본다."라는 말이 있어. 즉 자기가 저지른 큰 잘못은 못 보면서, 남이 저지른 작은 잘못은 잘 본다는 뜻이지.

사람은 누구나 실수를 해. 실수를 하지 않고 살아가는 사람은 이 세상에 아무도 없단다. 너도 매일 크고 작은 실수를 할 거야. 약속을 잊어버리기도 하고, 준비물을 집에 두고 오기도 하고, 숙제를 안 해 오기도 하고, 말실수를 하기도 하지?

그런데 대부분의 사람들은 자신의 잘못은 잘 깨닫지 못해. 그러면서도 상대방의 잘못은 잘 발견하지.

가끔은 친구가 실수한 것을 지적해 줘야 할 때가 있어. 그럴 때 너는 어떻게 얘기를 하니?

"야, 너 왜 이런 실수를 저질렀니?"

이렇게 큰 소리로 말하면 친구가 반성을 할까? 절대 그렇지 않단다. 오히려 친구는 자존심에 상처를 받아 "너나 잘해라!" 하고 토라질지도 몰라.

친구의 잘못을 지적할 때는 다른 친구들에게는

들리지 않게 작은 소리로 말하는 게 좋아. 그리고 직접적으로 잘못을 지적하는 것보다는 우회적으로 네 생각을 말하는 게 더 효과적이란다.

"있잖아, 내 생각에는 이렇게 하는 게 더 좋을 거 같은데. 네 생각은 어떠니?"

친구가 실수를 저질렀을 때는 '사람은 누구나 실수를 할 수 있다.'는 것을 꼭 기억하렴. 그리고 친구가 자존심이 상하지 않게 아주 작은 소리로 잘못을 말해 주렴.

친구를 배려하는 습관 기르기 1

가끔 친구가 어두운 얼굴을 하고 있을 때가 있을 거야. 그럴 때는 얼른 친구에게 다가가서 "무슨 일 있니?"라고 말을 건네 보렴. 친구는 그렇게 물어 봐 주는 네게 고마움을 느낄 거야.

친구의 입장을 배려하는 것은 바로 최고의 리더가 갖추어야 할 첫 번째 조건이야. 친구를 배려하는 마음이 없으면 진정한 리더라고 할 수 없단다.

이번엔 친구들을 배려하는 방법을 알려 줄게. 잘 읽고 꼭 실천해 보렴.

① '내가 만약 친구라면!' 이라고 생각해 본다

예를 들어 매일 함께 학교에 가던 단짝 친구가 어느 날 아무 말도 하지 않고 혼자 학교에 간 거야. 이럴 때 너는 어떻게 하겠니? 학교에 오자마자 다짜고짜 친구에게 "왜 혼자 왔니?"라고 화를 낼래? 바로 이럴 때 '내가 만일 친구라면!' 이라는 생각을 할 줄 알아야 한단다. 우선 친구의 말을 들어 보고, 친구의 입장을 이해하려고 해 보렴. 그런 다음에 섭섭했던 마음을 털어놓아도 늦지 않으니까 말이지.

② "무슨 일 있니?"라고 말하는 습관을 들여라

가끔 친구가 어두운 얼굴을 하고 있을 때가 있을 거야. 그럴 때는 얼른 친구에게 다가가서 "무슨 일 있니?"라고 말을 건네 보렴. 친구는 그렇게 물어 봐 주는 네게 고마움을 느낄 거야. 참다운 리더가 되려면 어려움을 겪고 있는 친구들에게 먼저 다가가서 "무슨 일 있니?"라고 물을 줄 알아야 한단다.

③ 아무리 화가 나도 친구에게 상처가 되는 말은 하지 않는다

한번 쏟아진 물은 다시 주워 담을 수 없어. 마찬가지로 한번 내뱉은 말은 다시 주워 담을 수 없단다. 그래서 말을 할 때는 상대방에게 상처 주는 말을 해서는 절대 안 된단다. 그런 말이 목까지 올라왔을 때는 얼른 그 자리를 피했다가 흥분이 가라앉으면 다시 대화를 나눠 보렴.

한번 쏟아진 물은 다시 주워 담을 수 없다!

친구를 배려하는 습관 기르기 2

멀리 아프리카에서 굶주리고 있는 사람들에게 배려를 실천하기에 앞서 너와 가장 가까이 있는 가족, 친구, 이웃들에게 배려를 베풀어 보렴. 배려는 가까운 곳, 가까운 사람들에게서부터 시작되는 것이거든.

이제 남을 배려하는 마음이 리더에게 얼마나 중요한지 알았지? 배려는 훌륭한 리더의 필수 조건이란다. 너도 이제는 남을 배려할 줄 아는 리더가 되고 싶을 거야. 그렇지? 다음과 같이 하면 남을 배려하는 마음을 기를 수 있단다.

① **대가를 바라지 않는 순수한 마음으로 배려를 실천해라**

대가를 바라는 마음으로 배려하는 것은 진정한 배려가 아니란다. 아무런 대가를 바라지 않고 상대를 위하는 마음으로 배려를 실천해 보렴.

멀리 가기 전에 동생한테 먼저 배려하렴!

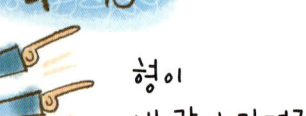

형이 내 과자 가져갔어!

② 가까운 사람에게 먼저 배려를 베풀자

멀리 아프리카에서 굶주리고 있는 사람들에게 배려를 실천하기에 앞서 너와 가장 가까이 있는 가족, 친구, 이웃들에게 배려를 베풀어 보렴. 배려는 가까운 곳, 가까운 사람들에게서부터 시작되는 것이거든.

③ 친구들이 좋아하는 것이 무엇인지 알아보고, 나도 관심을 기울이자

친구들을 배려하려면 친구들이 무엇을 좋아하는지를 알고 있는 게 좋아. 예를 들어 목이 마른 친구에게 음료수를 한 병 사 주었다고 생각해 봐. 그런데 그 음료수가 친구가 제일 싫어하는 음료수라면 좀 곤란하겠지?

④ 꾸준히 관심을 보이자

선거 후보들은 선거가 시작되기 전에는 유권자들에게 많은 관심을 기울여. 이것저것 다 해 준다고 하지. 하지만 정작 선거가 끝나면 언제 그랬냐는 듯 관심을 끊는 경우가 많아. 이런 어른들을 닮아서는 안 된단다. 필요할 때만 잘 보이려고 하지 말고 친구들에게 꾸준히 관심을 기울이는 습관을 들여 보렴.

인 / 물 / 탐 / 구
마더 테레사

테레사 수녀가 인도에서 '죽어 가는 사람들의 집'을 처음 세웠을 때 인도 사람들은 그녀의 마음을 이해하지 못했어요.

"테레사 수녀는 힌두교인 우리를 기독교로 바꾸려고 저러는 걸 거야. 그렇지 않고서야 왜 저런 험한 일을 하겠어?"

그러던 어느 날, 인도의 한 정치인이 테레사 수녀를 인도에서 쫓아내겠다고 큰소리를 치며 '죽어 가는 사람들의 집' 안으로 들어갔어요. 마침 테레사 수녀는 아픈 사람들을 정성껏 돌보고 있었어요. 굶주린 사람에게는 먹을 것을 주고, 아프다고 하는 사람에게는 약을 주었지요. 죽어 가는 사람들이 지르는 비명은 듣기만 해도 고통스러웠어요. 하지만 테레사 수녀의 얼굴에는 조금도 싫어하는 기색이 없었지요.

정치인이 밖으로 나오자 사람들은 테레사 수녀를 어떻게 쫓아내겠느냐고 물었어요. 그러자 정치인이 대답했어요.

"당신들이 테레사 수녀가 하는 일을 대신 할 수 있다면 내가 그녀를 쫓아내겠습니다. 그녀는 진심으로 우리 인도인들을 위해 봉사하고 있습니다."

그러자 사람들은 모두 슬금슬금 자리를 피했어요.

최근 한 신문사에서는 "인류 역사상 위대한 인물 가운데 단 한 사람을 복제할 수 있다면 당신은 누굴 복제하고 싶습니까?"라는 조사를 했어요. 이 질문에 많은 사람들은 테레사 수녀를 1위로 꼽았어요. 인류의 역사를 돌아보면 위대한 인물은 너무나도 많아요. 나폴레옹이나 알렉산더처럼 한때 세상을 호령했던 정치가도 있고, 아인슈타인과 같은 천재 과학자도 있어요. 이들에 비하면 마더 테레사는 평범한 수녀에 지나지 않지요.

그런데 왜 사람들은 테레사 수녀와 같은 사람이 이 세상에 한 명 더 나오기를 바라는 걸까요? 그건 많은 사람들이 테레사 수녀의 남을 배려하는 마음에 감명을 받았기 때문일 거예요. 평생 남을 위해 봉사하고 배려한다는 것은 쉬운 일이 아니에요. 하지만 테레사 수녀는 그 일을 해냈어요. 그 때문에 지금도 많은 사람들이 테레사 수녀를 높이 평가하고 있는 거랍니다.

진정한 배려는 대가를 바라지 않는 사랑이 가득한 마음이란다.

#4

리더가 들려 주는 성공 법칙
화술

031 당당한 말 한 마디가 인생을 바꾼다
032 유머의 힘
033 여러 사람 앞에서 말하는 법
034 남을 험담하지 말아라
035 발표를 잘하는 비법
036 친구들의 기분을 좋게 하는 맞장구 치기
037 책을 많이 읽어야 한다
038 언어의 요리사로 거듭나기
039 갈대에게 배우는 겸손
040 말은 신비로운 힘을 가지고 있다
인물 탐구_링컨

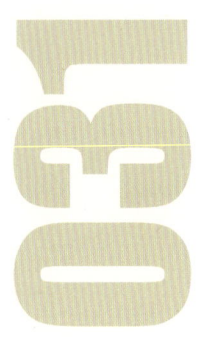

031 당당한 말 한 마디가 인생을 바꾼다

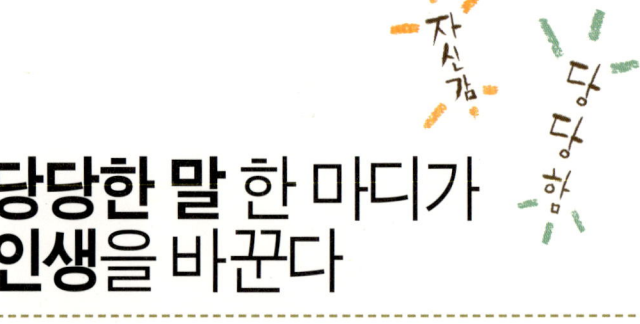

자신감 넘치는 당당한 말은 운명을 바꾸는 큰 힘을 가지고 있어. 언제 어디에서나 항상 당당하게 말하는 습관을 들여 보렴. 당당하게 자신의 생각을 말하는 것은 자신의 가치를 높이는 일이란다.

마가렛 미첼이라고 하는 소설가는 자신이 쓴 소설을 출판하기 위해 출판사를 찾아다녔어.

"저, 제가 쓴 소설인데요……."

그녀는 부끄럽다는 듯이 말끝을 흐리며 말했어.

"아, 네. 거기에 놓고 가세요. 나중에 읽어 볼게요."

그러나 무명 작가의 소설을 제대로 읽어 보는 출판사는 거의 없었어. 그녀는 수십 군데의 출판사를 찾아다녔지만 단 한 군데에서도 연락이 오지 않았지.

그녀는 소설 출판을 포기하려고 생각했어. 그러자 그녀의 친구가 그녀에게 충고를 해 주었지.

"마가렛, 좀더 당당하게 말해 보렴. 그럼 사람들이 네 소설에 관심을 가져줄 거야."

그녀는 친구의 말에 일리가 있다고 생각했어. 앞으로는 당당하게 자신의 소설을 읽어 달라고 말하기로 결심했지.

그녀는 맥밀런 출판사의 레이슨 사장에게 원고를 넘겨 주며 자신 있게 말했어.

"제가 쓴 소설입니다. 정말 재미있으니까 꼭 한번 읽어 봐 주십시오."

레이슨은 귀찮다는 듯이 원고를 가방에 넣고 여행을 떠났어. 원고를 읽을 마음은 전혀 없어 보였지. 그녀는 여행을 떠난 레이슨 사장에게 세 차례나 전보를 보내 다시 부탁했어.

"꼭 제 소설을 읽어 주십시오. 정말 자신 있습니다."

레이슨은 그녀의 당당함과 끈기에 감동하여 그녀의 소설을 읽기 시작했어. 그리고 곧 놀라운 일이 벌어졌단다. 이 소설은 곧 출판되어 베스트셀러가 되었을 뿐만 아니라, 영화로 만들어져서 전세계적으로 크게 히트를 쳤단다. 그녀가 쓴 소설은 바로 〈바람과 함께 사라지다〉라는 유명한 소설이야.

이처럼 자신감 넘치는 당당한 말은 운명을 바꾸는 큰 힘을 가지고 있어. 언제 어디에서나 항상 당당하게 말하는 습관을 들여 보렴. 당당하게 자신의 생각을 말하는 것은 자신의 가치를 높이는 일이란다.

유머의 힘

케네디 대통령이 실수를 해서 바닥에 메달을 떨어뜨리고 만 거야. 시상식장은 순식간에 찬물을 끼얹은 듯 조용해졌어. 하지만 정작 케네디는 아주 태연한 얼굴을 하고 땅에 떨어진 메달을 주워 들었어.

　미국의 케네디 대통령이 우주 비행사에게 공로 메달을 수여하기 위해 시상식장에 참석했어. 메달을 받기로 한 우주 비행사는 미리 단상에 올라가 있었지. 케네디 대통령은 메달을 들고, 단상에 올라가 있는 우주 비행사에게 다가갔어.

　그런데 이걸 어쩌지! 케네디 대통령이 실수를 해서 바닥에 메달을 떨어뜨리고 만 거야. 시상식장은 순식간에 찬물을 끼얹은 듯 조용해졌어. 그 장면을 지켜 보고 있던 사람들은 모두 깜짝 놀라 서로의 얼굴을 쳐다봤단다.

　'이 일을 어쩌지······.'

　케네디를 보좌하고 있던 보좌관들은 어쩔 줄 몰라 당황하고 있었지. 하지만 정작 케네디는 아주 태연한 얼굴을 하고 땅에 떨어진 메달을 주워 들었어. 그러고는 이렇게 말했단다.

　"하늘의 용사에게 땅으로부터 이 영광을 건넵니다."

　그러자 찬물을 끼얹은 듯 조용했던 시상식장에는 큰 소리의 환호와 박수가 터져 나왔단다. 순간의 재치와 유머가 분위기를 역전시킨 것이지.

　리더가 되면 친구들 앞에 자주 설 수밖에 없어. 그러다 보면 뜻하지 않은 실수를 할 때가 있을 거야. 생각지도 못한 질문을 받게 되는 경우도 있을 테고 말이야. 그럴 때는 당황하지 말고 케네디 대통령처럼 재치 있게 말을 해 보렴.

유머는 긴장을 풀어 주고, 시선을 한 곳으로 끌어 모으는 힘을 가지고 있단다.

여러 사람 앞에서 말하는 법

듣는 사람들은 마지막 1분 동안 한 얘기를 가장 오래 기억한다고 해. 그러니까 가장 중요한 점은 마지막에 다시 한 번 강조해서 친구들이 꼭 기억할 수 있도록 해야 한단다.

리더는 여러 친구들 앞에서 말을 해야 할 때가 많아. 그럼 어떻게 하면 말을 좀더 잘할 수 있을까? 지금부터 그 방법을 알려 줄게. 잘 읽어 보고 실천해 보렴.

① 준비를 철저하게 해야 한다

한 친구와 1:1로 대화할 때는 특별한 준비를 할 필요는 없어. 하지만 여러 사람 앞에서 말을 할 때는 꼭 준비를 해야 해. 어떤 내용을 말할 것인지 간단하게 종이에 적어 놓는 것도 좋은 방법이란다.

② 전달하고자 하는 내용 중에 가장 중요한 내용은 다시 한 번 강조해야 한다

네 말을 듣는 친구들은 네가 하는 말을 모두 기억하지 못해. 대개 한 사람이 10분 동안 얘기를 하면, 듣는 사람들은 마지막 1분 동안 한 얘기를 가장 오래 기억한다고 해. 그러니까 가장 중요한 점은 마지막에 다시 한 번 강조해서 친구들이 꼭 기억할 수 있도록 해야 한단다.

③ 말에 리듬을 주어야 한다

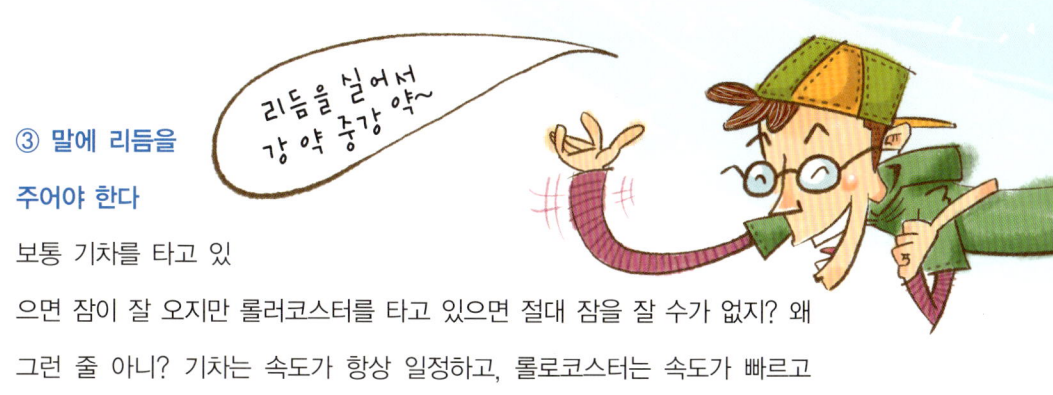

보통 기차를 타고 있으면 잠이 잘 오지만 롤러코스터를 타고 있으면 절대 잠을 잘 수가 없지? 왜 그런 줄 아니? 기차는 속도가 항상 일정하고, 롤로코스터는 속도가 빠르고 변화가 많기 때문이란다. 말을 할 때는 말소리를 높였다 낮췄다 하면서 리듬을 주어 말하는 것이 효과적이란다.

④ 친구들의 얼굴을 골고루 쳐다봐야 한다

많은 친구들 앞에서 말을 할 때는 여러 친구들의 얼굴을 번갈아가면서 쳐다보는 것이 효과적이야. 시선의 중심은 가운데에 두고 가끔씩 천천히 왼쪽에서 오른쪽으로, 오른쪽에서 왼쪽으로 시선을 움직이면서 발표를 해 보렴. 그럼 친구들이 네 이야기에 훨씬 집중을 잘할 거야.

남을 **험담**하지 **말아라**

훌륭한 리더는 절대 뒤에서 남의 험담을 하지 않는단다. 안 좋은 말은 당사자 앞에서 하고, 좋은 말은 당사자가 안 듣는 곳에서 하는 습관을 들여 보렴.

    험난한 사막 횡단에 성공한 사람에게 신문 기자들이 우르르 몰려들어 물었단다.
    "뜨거운 사막을 혼자서 건너면서 갈증 때문에 가장 힘드셨죠?"
    하지만 그 사람은 머리를 절레절레 흔들었단다.
    "그럼 외롭게 혼자 걷는 것이 가장 힘들었나요?"
    "아니오. 그것도 미리 생각해 두었기 때문에 괴롭지 않았습니다."
    "그렇다면 도대체 어떤 일이 가장 힘들었습니까?"
    그러자 그가 말했어.
    "저를 가장 고통스럽게 했던 것은 사람들의 험담이었습니다. 제가 사막 횡단에 성공하지 못할 거라는 험담, 혼자서 사막을 횡단하는 것은 미친 짓이라고 하는 험담, 이런 험담들이 떠오를 때가 가장 힘들었습니다."
    너는 어떤 사람이니? 너 자신을 한번 돌아보렴. 훌륭한 리더는 절대 뒤에서 남의 험담을 하지 않는단다. 안 좋은 말은 당사자 앞에서 하고, 좋은 말은 당사자가 안 듣는 곳에서 하는 습관을 들여 보렴. 이것이 바로 리더가 갖추어야 할 자세란다.

영국의 소설가 스티븐슨은 '성공한 리더들'은 바로 이런 사람들이라고 했단다.

"남에게 사랑을 베푼 사람, 다른 사람을 험담하지 않고, 다른 사람이 어려움에 처했을 때 격려해 준 사람이야말로 훌륭한 리더로 성공한다."

발표를 잘하는 비법

아무리 말을 잘하는 사람도 갑자기 여러 사람 앞에서 말을 하라고 하면 당황하게 돼. 미국의 루즈벨트 대통령도 연설을 할 때는 항상 원고를 여러 차례 읽었다고 해.

리더를 맡은 어린이들은 다른 친구들보다 발표를 자주 해야 해. 그런데 여러 친구들 앞에서 발표를 한다는 게 말처럼 쉽지 않을 거야. 발표가 서투른 아이들은 대개 '내 성격이 내성적이라서 그래.' 라고 생각할지도 몰라. 하지만 조금만 생각해 보면 그렇지 않다는 것을 알 수 있단다. 내성적이고 조용한 성격을 가지고 있는 아이들이 발표를 잘하는 경우는 얼마든지 있으니까 말이지. 발표를 잘하고 못 하고는 성격 때문이 아니야. 이번엔 발표를 잘하는 비법을 알려 줄 테니 꼭 실천해 보렴.

① 발표할 내용을 여러 번 읽어 봐야 한다

아무리 말을 잘하는 사람도 갑자기 여러 사람 앞에서 말을 하라고 하면 당황하게 돼. 미국의 루즈벨트 대통령도 연설을 할 때는 항상 원고를 여러 차례 읽었다고 해. 그리고 이해하기 어려운 부분은 전달하기 좋게 다시 다듬었다고 해. 발표하기 전에 집에서 발표할 내용을 여러 번 읽어 보도록 하렴.

② 자주 발표를 해 봐야 한다

무엇이든 경험이 좀더 풍부한 사람이 잘하기 마련이란다. 발표를 자꾸 꺼리

다 보면 점점 더 발표를 못 하게 돼. 반면에 발표를 여러 번 해 본 어린이들은 자신감이 붙을 거야. 자신감이 붙으면 좀더 설득력 있게 발표를 할 수 있단다.

③ 결과를 다시 한 번 되짚어 봐야 한다

어떤 내용을 완벽하게 발표하기란 어려워. 약간의 실수는 하게 마련이지. 이때 중요한 것은 발표가 끝난 후에 다시 한 번 그 실수를 되짚어 보는 거야. 그럼 다음 번에는 그 실수를 되풀이하지 않을 거야.

036 친구들의 기분을 좋게 하는 맞장구 치기

간혹 친구 얘기는 듣지도 않고, 자기 얘기만 하려고 하는 어린이들이 있지? 말을 잘하는 어린이는 먼저 친구의 말을 잘 들어 주고 친구의 말에 맞장구를 잘 쳐 준단다.

TV에서 판소리 공연을 본 적이 있니? 판소리를 부르는 사람이 "흥부가 기가 막혀어어어~."라고 하면, 옆에서 북을 치고 있던 사람이 "얼쑤! 잘한다!"라고 하잖아.

왜 그런 소리를 내는 걸까?

북을 치는 사람이 그렇게 옆에서 맞장구를 쳐 주는 이유는 판소리를 부르는 사람이 좀더 신나게 소리를 할 수 있도록 도와 주려는 거야. 실제로 북을 치는 사람이 "얼쑤! 잘한다!"라고 맞장구를 쳐 주면, 훨씬 신나게 소리를 한다고 해.

간다!

주고받는 즐거운 대화 하기!

친구와 이야기를 할 때도 마찬가지란다. **친구와 대화를 할 때는 탁구를 치듯이 서로 말을 주고받아야 해.**

그런데 간혹 친구 얘기는 듣지도 않고, 자기 얘기만 하려고 하는 어린이들이 있지? 이런 어린이가 과연 말을 잘하는 걸까?

말을 잘하는 어린이는 먼저 친구의 말을 잘 들어 주고 친구의 말에 맞장구를 잘 쳐 준단다.

예를 들어 지금 친구가 재미없는 말을 하고 있다고 한번 생각해 보자. 그럴 때는 지루한 내색을 하지 말고 "정말 그런 일이 있었어?"라고 살짝 맞장구를 쳐 보렴. 그럼 그 친구는 신이 나서 아까보다는 좀더 재미있게 이야기를 할 거야.

단, 친구가 열심히 이야기를 하는데 딴 생각을 하면서 "아, 그러니?", "그렇구나!"라고 건성으로 맞장구를 치는 것은 안 하니만도 못 하단다.

책을 많이 읽어야 한다

책을 통해 많은 지식을 쌓을 수 있을 뿐 아니라, 상상력도 풍부해진단다. 게다가 여러 가지 간접 경험을 할 수 있기 때문에 문제 해결 능력도 키울 수 있어.

세종대왕, 빌 게이츠, 나폴레옹, 윈스턴 처칠, 빌 클린턴, 오프라 윈프리, 마오쩌둥, 안철수.

이들의 공통점이 뭔지 아니? 이들은 항상 책을 가까이 한 책벌레 리더들이란다.

나폴레옹은 전쟁을 하기 위해 말을 타고 적국으로 가면서도 말 위에서 책을 읽었다고 해. 처칠은 욕조에서 목욕을 할 때에도 항상 책을 읽었다고 하지. 중국의 정치인인 마오쩌둥은 적에게 쫓기는 위험한 상황에서도 책을 읽었다고 해.

이 중에서도 특히 세종대왕은 엄청난 책벌레였단다.

세종대왕이 얼마나 책을 많이 읽었는지, 신하들은 세종대왕의 건강을 걱정해서 책을 몰래 치웠다고 해. 세종대왕이 책을 가져오라고 하면 "전하! 제발 오늘은 그만 읽고 주무시옵소서." 하고 세종대왕을 말릴 정도였단다.

이처럼 성공한 리더들은 모두 책을 많이 읽었단다.

책을 읽지 않으면 생각을 넓고 깊게 할 수 없어. 생각이 좁고 편협한 사람은 훌륭한 리더가 될 수 없지.

책 속에 길이 있다!

시간이 날 때마다 항상 책을 가까이 하렴. 동화책을 읽어도 좋고, 네가 관심있는 분야의 책을 읽어도 좋아. 책을 통해 많은 지식을 쌓을 수 있을 뿐 아니라, 상상력도 풍부해진단다. 게다가 여러 가지 간접 경험을 할 수 있기 때문에 문제 해결 능력도 키울 수 있어.

그래서 옛날이나 지금이나 각 분야에서 세계를 이끌어 가는 리더들은 책을 가까이 하는 거야. '책 속에 길이 있다.' 라는 말을 들어 본 적이 있지?

책 속에는 성공으로 향하는 길이 숨어 있단다. 지금 너희들이 읽고 있는 이 책만 해도 그래. 이 책을 끝까지 읽고 나면 분명 최고의 리더가 되는 길이 보일 거야.

야호!

리더가 되는 길이 보인다, 보여!

책 읽고 독후감 써 보기!

038 언어의 요리사로 거듭나기

무엇이든 잘하려면 실전 연습을 많이 해 봐야 해. 말을 잘하려면 말을 많이 해 봐야 하지. 그리고 평소에 친구들과 이야기할 때 가능하면 말을 재미있게 하려고 노력해 봐.

말을 잘하려면 훈련이 필요해. 말은 노력하면 할수록 는단다. 자, 어떻게 해야 언어의 요리사라는 소리를 들을 수 있을까?

① 사전을 많이 찾아봐야 한다

뜻을 모르는 단어는 사전이나 전자 사전, 인터넷 사전 등을 이용해 찾아보는 습관을 들여야 한단다. 말을 잘하려면 우선 많은 단어를 알아야 해. 그래야 네 생각을 자유자재로 표현할 수 있단다.

② 속담, 격언, 명언을 많이 알아 두어야 한다

언어의 요리사라는 소리를 들으려면 속담이나 격언, 명언 등을 많이 알고 있어야 해. 속담, 명언, 격언 등을 다룬 인터넷 사이트를 찾아보는 게 가장 빠른 방법일 거야. 그냥 눈으로 보고 끝내지 말고, 그 중에 재미있는 말들은 공책에 적어 두렴. 그리고 친구들과 이야기할 때 상황에 맞게 속담, 격언, 명언을 섞어서 말해 보렴.

③ 말을 많이 해 봐야 한다

무엇이든 잘하려면 실전 연습을 많이 해 봐야 해. 말을 잘하려면 말을 많이 해 봐야 하지. 그리고 평소에 친구들과 이야기할 때 가능하면 말을 재미있게 하려고 노력해 봐.

갈대에게 배우는 겸손

항상 자신감을 가지고 도전하는 것은 좋아. 하지만 리더가 되려고 하는 어린이들은 겸손한 태도를 가져야 한단다. 벼는 익을수록 고개를 숙이는 법이란다.

어느 강가에 커다란 잣나무 한 그루가 살고 있었어. 그런데 이 잣나무는 잘난 체하기를 좋아하는 나무였단다.

"나는 이 세상에서 가장 강한 나무야. 나를 이길 수 있는 건 이 세상에 아무것도 없어."

그러던 어느 날, 무시무시한 폭풍이 불어 왔어. 커다란 잣나무는 더 힘껏 어깨를 펴고 폭풍우와 맞서 싸웠단다.

"그래, 어디 누가 이기나 한번 해 보자. 씩씩."

하지만 얼마 후, 잣나무는 폭풍우를 이겨 내지 못하고 뿌리째 뽑혀 나갔어. 뿌리가 뽑힌 잣나무는 강물에 둥둥 떠내려가고 있었지. 그 때 잣나무의 눈에 갈대들의 모습이 보였어. 이상하게도 갈대들은 폭풍우에도 아무런 상처를 입지 않았어.

"갈대들아, 너희들은 어떻게 폭풍우를 견뎌낼 수 있었니? 보아하니 너희들은 나보다 몸도 작고 힘도 없어 보이는데."
그러자 갈대가 대답했단다.

"바로 그것 때문에 우리가 살았단다. 보다시피 우리는 너보다 몸도 작고 힘도 없어. 그래서 폭풍우가 칠 때 고개를 숙였지. 하지만 너는 고개를 꼿꼿이 들고 버텼기 때문에 그 꼴이 된 거란다."

항상 자신감을 가지고 도전하는 것은 좋아. 하지만 리더가 되려고 하는 어린이들은 겸손한 태도를 가져야 한단다. 네가 만약 반에서 가장 공부를 잘하는 아이라고 할지라도 "내가 우리 반에서 제일 공부를 잘해.", "내가 우리 반에서 가장 똑똑해."라는 말은 하지 않는 것이 좋아.

겸손한 태도는 너를 더욱 돋보이게 해 주고 신뢰를 얻을 수 있는 방법이야. 벼는 익을수록 고개를 숙이는 법이란다.

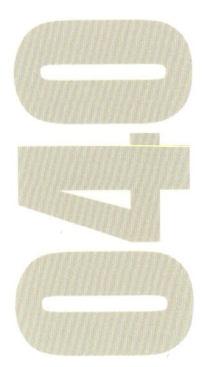

말은 신비로운 힘을 가지고 있다

네가 하고 싶은 일을 가슴 속에만 담아 두지 말고 말해 보렴. 네 꿈과 소망을 입 밖으로 말하는 순간, 너는 성공을 향해 한 걸음 더 가까이 다가갈 수 있을 거야.

유태인 속담에 "말이 입 안에 있으면 네가 말을 지배하지만, 말이 입 밖으로 나오면 말이 너를 지배한다."라는 말이 있어.

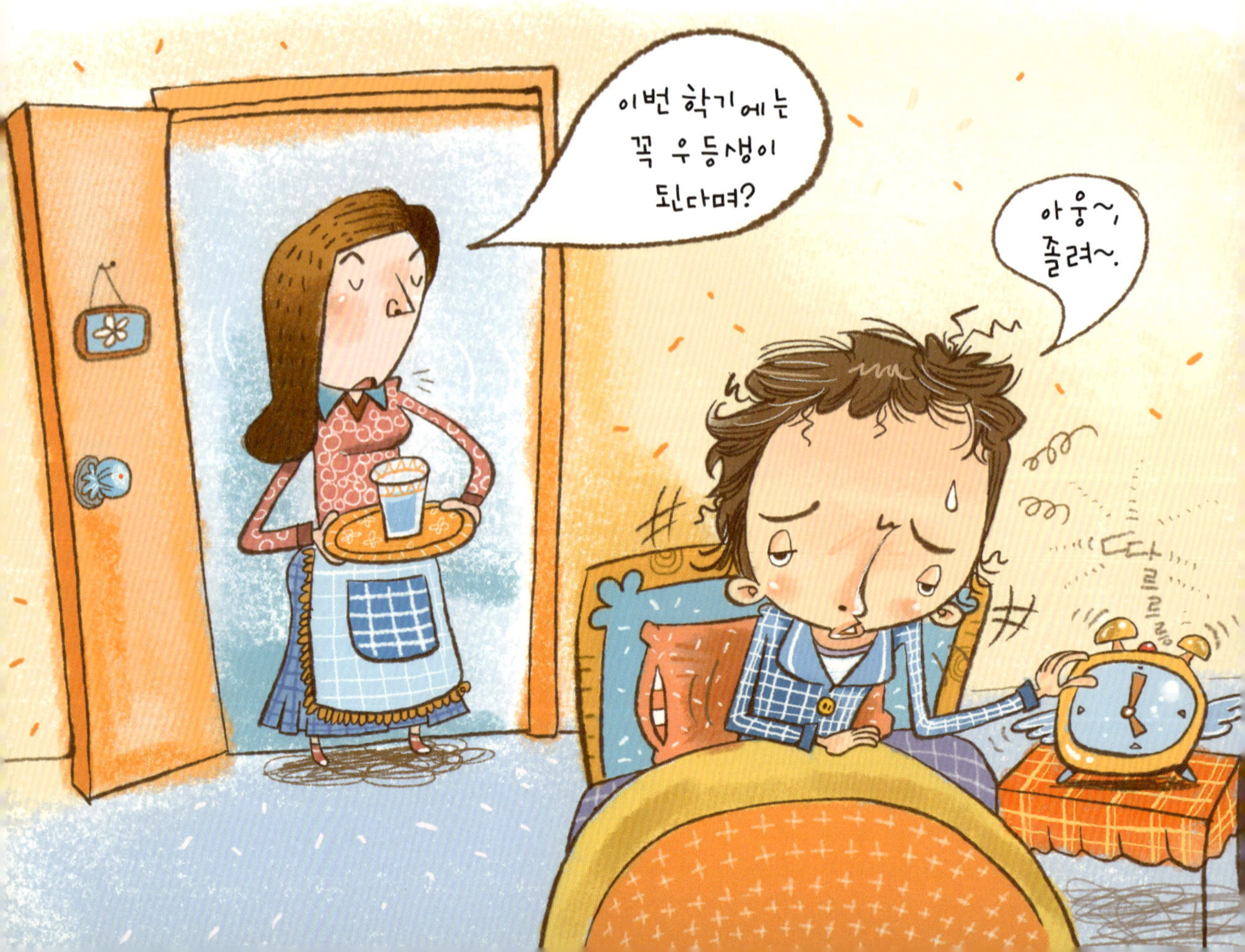

이게 도대체 무슨 뜻일까?

쉬운 예를 들어 볼게. 네가 마음 속으로 '이번 학기에는 꼭 1등을 해야지.'라고 생각하고 있다고 해 보자. 이렇게 말을 하지 않고 마음 속에 담아 두고 있으면 너는 1등을 하기 힘들어. 왜냐고? 공부하기가 힘들어지면 너는 '반에서 5등 안에만 들면 되지 않을까?' 하고 마음이 느슨해질 수 있기 때문이야.

반면에 일단 여러 사람들 앞에서 "이번 학기에는 제가 꼭 1등을 하겠습니다."라고 말을 내뱉으면 상황은 아주 달라진단다. 공부하기가 힘들어지더라도 너는 네가 한 말을 지키기 위해 쉽게 포기하지 않을 거야.

또 부모님이나 주변 사람들이 네가 포기하지 않도록 도와 줄 거야. 네가 게으름을 피우면 "이번 학기에는 1등을 한다며?" 하고 지적을 해 줄 테니까 말이지. 결국 "이번 학기에는 제가 꼭 1등을 하겠습니다."라고 말을 내뱉음으로 해서 진짜 우등생이 될 수 있는 가능성이 더 높아지는 거야.

이처럼 입 밖으로 내뱉은 말은 엄청난 힘을 가지게 된단다. 네가 하고 싶은 일을 가슴 속에만 담아 두지 말고 말해 보렴. 네 꿈과 소망을 입 밖으로 말하는 순간, 너는 성공을 향해 한 걸음 더 가까이 다가갈 수 있을 거야.

인 / 물 / 탐 / 구

링컨

　링컨은 미국의 제16대 대통령으로 노예를 해방시켰을 뿐만 아니라, 남북전쟁을 승리로 이끄는 등 많은 업적을 남겼어요. 이러한 업적을 남긴 링컨은 리더에게 꼭 필요한 포용력과 카리스마를 갖추고 있었지요. 하지만 무엇보다 링컨은 말솜씨와 유머 감각이 뛰어난 지도자였어요.
　링컨은 집안이 가난해서 초등학교밖에 못 나왔어요. 대신 혼자 많은 책을 읽고 공부를 했지요. 정치인들 중에는 그런 링컨을 싫어하는 사람이 많았어요. 이 때문에 링컨은 대통령의 자리에 오르기까지 숱한 어려움을 겪었어요. 수많은 선거에서 여러 차례 실패를 맛보았지요. 하지만 링컨은 그 때마다 뛰어난 화술로 어려움을 극복해 냈답니다.
　링컨이 대통령 선거에 출마했을 때 더글라스라는 후보와 함께 합동 연설을 하게 되었을 때였어요. 먼저 연단에 오른 더글라스가 링컨에게 인신공격을 퍼붓기 시작했어요.
　"링컨은 술을 팔지 말아야 하는 법이 있는데도 자신의 가게에서 술을 팔았습니다."
　옛날 미국에는 '술을 팔지 말라.'는 '금주법'이 있었어요.
　이 때 링컨은 뛰어난 화술로 반격을 가했어요.
　"더글라스 후보의 말은 사실입니다. 하지만 그 때 술을 가장 많이 사 간 사람이 바로 더글라스 후보입니다. 저는 지금 그 가게를 그만 두었지만 더글라스 후보는 아직도 그 가게의 단골이라고 하더군요."

할 말을 잃은 더글라스 후보는 다시 링컨을 이중인격자라고 공격했어요.

"링컨은 이중인격자입니다. 그는 두 개의 얼굴을 가진 사람입니다."

그러자 링컨은 이번에는 자신의 얼굴을 가리키며 말했어요.

"제가 만일 두 얼굴을 가진 사람이라면, 이렇게 중요한 자리에 이런 못생긴 얼굴을 하고 나왔겠습니까?"

링컨의 말을 들은 청중들은 폭소를 터트렸어요.

링컨은 뛰어난 화술로 사람들의 마음을 사로잡을 줄 알았던 지도자예요. 국민들 앞에서 연설을 할 때도 그는 항상 재치 있게 말하곤 했지요. 국민들은 그런 링컨에게 친근감을 느꼈어요.

말은 자기의 생각을 표현해 내는 중요한 수단이에요. 따라서 리더는 말을 잘해야 해요. 지금도 리더를 꿈꾸는 많은 사람들은 링컨의 화술을 배우려고 한답니다.

ID# **#5**

리더가 들려 주는 **성공** 법칙
습관

041 칸트의 산책길
042 지금의 나에 만족하지 마라
043 좋은 습관 vs 나쁜 습관
044 세상에서 가장 멀리 날아가는 종이 비행기
045 과거의 일을 교훈으로 삼아라
046 바쁠수록 돌아가라
047 게으름은 병이다
048 친구들에게 땀 흘리는 모습을 보여라
049 웃는 얼굴로 친구들을 대하자
050 잘못된 대화 습관을 고치자
인물 탐구 _ 월트 디즈니

칸트의 산책길

사람들은 칸트가 위대한 철학자가 될 수 있었던 것은 시계처럼 규칙적으로 움직이는 습관 때문이었다고 말하고 있어. 규칙적인 생활을 통해 정신을 한 곳으로 집중할 수 있었다는 것이지.

칸트는 독일이 낳은 위대한 철학자야. 지금도 많은 사람들이 칸트의 철학을 공부하고 있단다.

그런데 칸트가 어떻게 위대한 철학자가 되었는지 알고 있니? 칸트는 매일 규칙적으로 생활하는 습관을 통해 위대한 철학을 완성했다고 해.

칸트는 매일 새벽 5시에 일어나서 7시까지 연구를 했어. 그리고 7시부터 9시까지 학생들을 위해 강의를 했지. 9시부터 오후 1시까지는 책을 썼어. 그리고 매일 저녁 5시가 되면 어김없이 산책을 했단다.

칸트는 이러한 규칙을 단 한 번도 거르지 않고 철저하게 지켰어. 하루는 독일 전역에 무서운 폭풍이 몰아쳤어. 얼마나 바람이 거세게 부는지 가로수들이 뿌리째 뽑혀나갈 정도였단다. 하지만 칸트는 이런 날에도 저녁 5시가 되자 어김없이 산책을 나섰어. 칸트는 이 '혼자만의 산책'을 통해 자신의 생각을 정리하고 연구 활동에서 오는 피로를 풀었단다.

동네 사람들은 이런 칸트를 가리켜 '걸어다니는 시계'라고 불렀어. 칸트가 산책을 하는 모습을 보며 마을 사람들은 이렇게 말했단다.

"오, 칸트 씨가 산책을 하는 걸 보니 저녁 5시인가 보군."

칸트는 이렇게 평생 매일같이 규칙적인 일과를 반복하며 살았어.

사람들은 칸트가 위대한 철학자가 될 수 있었던 것은 시계처럼 규칙적으로 움직이는 습관 때문이었다고 말하고 있어. 규칙적인 생활을 통해 정신을 한 곳으로 집중할 수 있었다는 것이지.

어떻게 하면 우리도 칸트처럼 규칙적인 생활 습관을 기를 수 있을까? 규칙적인 생활 습관을 기르려면 우선 뚜렷한 목표가 있어야 해. 어떤 일을 하겠다는 뚜렷한 목표를 세운 다음, 그 목표를 이루기 위해 매일매일 일정한 시간에 규칙적으로 노력을 기울여야 하지. 그러면 너도 언젠가는 큰일을 해낼 수 있을 거야.

지금의 나에 만족하지 마라

그의 열정은 노인이 되어서도 식을 줄 몰랐어. 말년에는 손가락이 떨려 붓을 잡을 수 없게 되자 손가락에 붓을 묶어 매고 그림을 그렸단다. 그는 죽는 순간까지 더 나은 화가가 되기 위해 노력했던 거야.

프랑스 화가 르누아르는 색채 화가로 세계적인 명성을 떨친 사람이야. 그는 가난한 양복장이의 아들로 태어났어. 그는 13세의 어린 나이에 공장에 들어가 도자기 그림을 그리는 일을 했지. 사람들은 어린 르누아르에게 이렇게 말했단다.

"얘야, 너는 정말 도자기 그림을 잘 그리는구나. 훌륭한 도자기 그림을 그리는 사람이 되지 않을래?"

하지만 르누아르는 거기에서 만족하지 않았어.

"저는 도자기 그림을 그리는 데 만족하지 않겠어요. 제게는 더 큰 꿈이 있어요. 저는 꼭 위대한 화가가 될 거예요."

얼마 후, 그는 정식 화가로서 인정을 받게 되었어. 그 때 한 사람이 그에게 말했단다.

"자네는 정말 그림을 잘 그리는군. 초상화를 그리는 화가가 되지 않겠나? 초상화를 그리면 돈을 아주 많이 벌 수 있다네."

하지만 그는 고개를 설레설레 저었어.

"초상화를 그리면 돈은 많이 벌 수 있겠지요. 하지만 저는 힘들더라도 그림 공부를 더 해서 훌륭한 화가가 될 겁니다."

르누아르는 뜻이 맞는 친구들과 함께 빛의 효과를 그림으로 표현하는 새로운 미술을 창조했어. 그는 사물의 고유색보다는 태양 광선에 의해 시시각각 달라지는 순간적인 색채를 그리는 데 중점을 두었지. 이를 인상주의 기법이라고 한단다.

그리고 드디어 그는 자신을 위대한 화가의 반열에 올려놓았지. 그의 열정은 노인이 되어서도 식을 줄 몰랐어. 말년에는 손가락이 떨려 붓을 잡을 수 없게 되자 손가락에 붓을 묶어 매고 그림을 그렸단다. 그는 그렇게 죽는 그 순간까지 더 나은 화가가 되기 위해 노력했던 거야.

성공하는 사람이 되고 싶니? 그럼 지금의 나에 만족해서는 안 된단다. 물론 그렇다고 해서 현실에 불만을 가지라는 얘기는 아니야. 끊임없이 도전하는 습관을 기르라는 말이지. 지금의 나에 만족하지 말고 끊임없이 도전하는 습관은 네 삶을 분명 성공으로 이끌어 줄 거야.

043

좋은 습관 VS 나쁜 습관

자동차 왕이라고 불리는 포드는 매달 기계에 관련된 독서를 함으로써 많은 지식과 영감을 얻을 수 있었어. 그리고 마침내 자동차 왕이 되었지.

자동차 왕이라고 불리는 포드는 젊었을 때 아주 적은 월급을 받으며 일을 했어. 하지만 기계에 관심이 많았던 그는 쥐꼬리만한 월급을 쪼개서 항상 기계학 잡지를 사는 데 투자했단다.

그는 이렇게 매달 기계에 관련된 독서를 함으로써 많은 지식과 영감을 얻을 수 있었어. 그리고 마침내 자동차 왕이 되었지.

이처럼 좋은 습관 하나는 사람의 인생을 바꿔 놓을 수도 있단다. 반면에 나쁜 습관은 반드시 고쳐야 해. 나쁜 습관을 고치지 못하면 평생 후회하며 살 수도 있지.

"세 살 버릇이 여든 간다."라는 속담을 들어봤을 거야. 이 속담의 뜻이 뭔지 알고 있니?

어렸을 때 잘못들인 습관은 평생 고치기 힘들다는 거야. 따라서 너에게 어떤 나쁜 습관이 있다면 지금 당장 고쳐야 한단다.

혹시 다른 친구들을 시기하는 습관이 있지는 않니?

너와 친구들을 비교하는 습관이 있지는 않니?

자기 자신을 좋지 않게 이야기하는 습관이 있지 않니?

찬찬히 한번 너 자신을 돌아보렴.

만약 이런 습관이 있다면 얼른 버려야 한단다.

'습관 하나 바꾼다고 뭐가 달라지겠어?'라는 생각을 버리고, 나쁜 습관이 있다면 바로 고치려고 노력해 보렴.

성공한 리더들의 뒤에는 언제나 좋은 습관이 있었다는 것을 잊지 마렴. 좋은 습관을 실천하는 것과 나쁜 습관을 고치는 것 모두 지금 당장 시작해야 한단다.

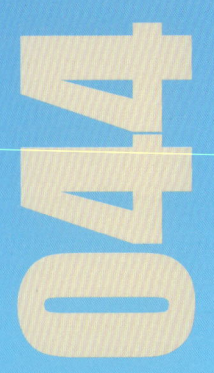

044 세상에서 가장 멀리 날아가는 종이 비행기

"그럼 이번에는 내가 세상에서 가장 멀리 날아가는 종이 비행기를 만들어 보마." 선생님은 종이를 야구공처럼 똘똘 말았어. 그러고는 그 종이 뭉치를 힘껏 던졌지.

어느 날 선생님이 학생들을 모아놓고 이렇게 말했어.
"자, 오늘은 이 세상에서 가장 멀리 날아가는 종이 비행기를 만들어 보자."

그러자 학생들은 신이 나서 너도 나도 종이 비행기를 만들기 시작했어. 어떤 학생은 긴 종이 비행기를 만들기도 했고, 또 어떤 학생은 날개를 넓게 접기도 했지.

학생들은 속으로 각자 자기가 접은 종이 비행기가 가장 멀리 날아갈 거라고 생각하고 있었어.

잠시 후, 학생들은 일제히 여러 모양의 종이 비행기를 날렸어. 하지만 대부분의 종이 비행기들은 멀리 날아가지 못하고 도중에 땅으로 떨어지고 말았단다.

그러자 선생님이 말씀하셨어.

"그럼 이번에는 내가 세상에서 가장 멀리 날아가는 종이 비행기를 만들어 보마."

선생님은 종이를 야구공처럼 똘똘 말았어. 그러고는 그 종이 뭉치를 힘껏 던졌지. 종이 뭉치는 가장 멀리 날아갔어.

"에계, 그게 무슨 종이 비행기예요?"

그러자 선생님이 말씀하셨단다.

"너희들은 왜 종이 비행기를 꼭 모두에게 익숙한 비행기 모양으로만 만들려고 하니? 내가 만든 종이 비행기는 비록 우리에게 익숙한 비행기 모양은 아니지만 가장 멀리 날아갔잖니."

우리 머릿속에 자리잡아 굳어져 버린 생각을 고정관념이라고 해. 훌륭한 리더가 되려면 이 고정관념을 버려야 한단다.

"이 일은 어차피 이렇게 될 거야."

"쟤는 원래 그런 애잖아."

이런 생각이 바로 리더가 버려야 할 고정관념이란다. 어떤 일이든 미리 판단하지 말고, 열린 마음으로 세상을 바라보렴.

고정관념을 버리고 마음을 열어요!

045

과거의 일을 교훈으로 삼아라

과거는 모두 지나가 버린 일이야. 따라서 그것이 좋은 일이든 나쁜 일이든 받아들일 수밖에 없어. 땅을 치며 후회해도 아무 소용이 없지.

많은 친구들이 지나간 일을 후회하는 소리를 해.
"만일 그 때 수학 공부를 더 열심히 했더라면 상을 받을 수 있었을 텐데……."
"만일 그 때 엄마의 말씀을 들었더라면 좋았을 것을……."
"만일 어제 숙제를 했더라면 선생님한테 혼나지 않았을 텐데……."
너는 어떠니? '만일…….' 이란 말을 자주 하는 편이니?
하지만 아무리 원해도 이런 바람은 절대 이루어지지 않아. 한 번 지나가 버린 시간은 다시 돌아오는 법이 없으니까. 지나가 버린 일을 후회하고 있지만 말고 과거의 일을 교훈으로 삼는 습관을 들여 보렴.
지금이라도 이렇게 생각해 보는 거야.

"오늘부터 수학 공부를 더 열심히 해서 다음 수학 경시대회에서 꼭 상을 타야지."
"그래, 지금이라도 엄마 말씀을 잘 듣자."
"그래, 오늘부터라도 숙제를 잘해야지."

과거는 모두 지나가 버린 일이야. 따라서 그것이 좋은 일이든 나쁜 일이든 받아들일 수밖에 없어. 땅을 치며 후회해도 아무 소용이 없지.

대신 이렇게 과거의 실수를 그냥 실수로 흘려 보내지 않고 교훈으로 삼는다면 실수도 너를 발전시키는 좋은 밑거름이 되는 거야. 그러고 보면 과거의 실수도 훌륭한 재산이 되는 거지?

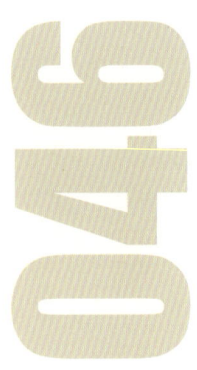

바쁠수록 돌아가라

어떤 일을 할 때는 잠깐씩 쉬면서 앞으로 네가 해야 할 일을 찬찬히 생각해 보는 습관을 들여 보렴. 급하게 서두르기보다는 효율적인 방법을 찾는 것이 더 중요하단다.

노인과 젊은이가 나무를 베고 있었어. 둘은 아침부터 부지런히 나무를 베기 시작했단다. 노인은 서두르지 않고 천천히 일을 했어. 그는 한 시간쯤 일을 하고 10분은 느긋하게 쉬었다가 다시 일을 했지. 그런데 젊은이는 조금도 쉬지 않고 땀을 뻘뻘 흘리며 일을 했단다.

"할아버지, 빨리 빨리 하세요. 그렇게 자꾸 쉬면 언제 맡은 일을 다 끝내겠어요?"

그러자 노인은 빙그레 웃으며 말했어.

"그렇게 무조건 열심히 한다고 일을 빨리 하는 게 아니라네."

"그게 무슨 말도 안 되는 소리예요."

"내 말을 못 믿겠나? 그럼 나하고 저녁때까지 누가 더 나무를 많이 벌목하나 내기를 할까?"

"좋지요."

저녁 무렵 두 사람은 지금까지 베어낸 나무를 서로 비교해 보았어. 그런데 이상하게도 노인이 벤 나무가 더 많았단다.

"어? 이상하다. 분명히 내가 더 열심히 일했는데……."

그러자 노인이 웃으며 말했어.

"이보게, 나는 잠깐씩 쉬면서 무디어진 도끼날을 갈았다네. 또 쉬면서 에너지를 충분히 충전했지. 그렇게 했기 때문에 나무를 이렇게 많이 벨 수 있었던 거야. 하지만 자네는 도끼날도 한 번 갈지 않고 쉬지 않고 일을 했지? 무슨 일이든 무조건 열심히 한다고 다 좋은 것은 아니라네."

리더가 되고 싶은 어린이들은 노인의 이 말을 꼭 기억해야 해. **개구리가 팔짝 뛰기 전에 몸을 잔뜩 웅크리는 이유를 아니? 바로 더 멀리 뛰기 위해서란다.**

어떤 일을 할 때는 잠깐씩 쉬면서 앞으로 네가 해야 할 일을 찬찬히 생각해 보는 습관을 들여 보렴. 급하게 서두르기보다는 효율적인 방법을 찾는 것이 더 중요하단다.

게으름은 병이다

게으름은 습관 중에서 가장 나쁜 습관이란다. 어떤 의사는 '게으름은 병'이라고까지 말했단다. 게으름을 피우면 언젠가는 반드시 후회를 하게 돼.

히말라야에는 '날이 새면 집 지으리'라는 새가 살고 있다고 해. 왜 새에게 이런 이름이 붙여졌을까?

밤이 되면 들려 오는 이 새의 울음소리는 마치 '날이 새면 집 지으리.'라고 흐느끼는 것처럼 들린다고 해. 부엉이의 울음소리는 '부엉부엉' 우는 것처럼 들리고, 개구리의 울음소리는 '개굴개굴' 우는 것처럼 들리잖아. 그와 마찬가지로 이 새의 울음소리는 '날이 새면 집 지으리.'라고 들린다는 거야.

그런데 정작 이 새는 집을 짓지 않고, 죽는 날까지 이곳 저곳을 떠돌아다니면서 산다고 해. 추운 겨울 밤에는 집이 없다는 것을 서글퍼하며 '날이 새면 집 지으리.' 하고 구슬프게 울어. 하지만 날이 새고 해가 떠오르면 언제 그랬냐는 듯이 빈둥빈둥 게으름을 피운다는 거야. **낮에는 따뜻한 햇살이 비추니까 밤에 결심했던 것을 모두 잊어버리는 것이지.**

　그러다 다시 해가 지고 추운 겨울 밤이 찾아오면 추위에 떨며 '날이 새면 집 지으리.' 하고 흐느껴 울다가 얼어 죽는다고 해.
　게으름은 습관 중에서 가장 나쁜 습관이란다. 어떤 의사는 '게으름은 병'이라고까지 말했단다. 게으름을 피우면 언젠가는 반드시 후회를 하게 돼. 혹시 너도 '날이 새면 집 지으리' 새처럼 게으름을 피우지는 않니? 한번 찬찬히 생각해 보렴.
　게으름의 병에서 벗어나려면 무엇보다 실천하는 습관을 들여야 해. 한번 계획한 일은 꼭 이루려고 노력하는 어린이가 되렴.

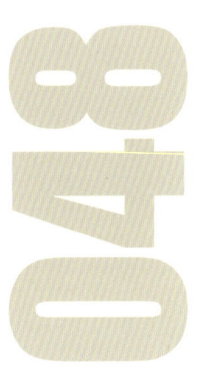

친구들에게 **땀 흘리는 모습**을 보여라

리더는 친구들의 도움을 받아야 할 때가 많아. 이 때 말로만 도움을 청하는 것은 그리 좋은 방법이 아니야. 그보다는 네가 먼저 모범을 보여서 친구들의 마음을 움직이는 것이 가장 좋은 방법이란다.

유명한 인권 지도자 마틴 루터 킹 목사가 젊었을 때 이야기야. 그는 수레를 끌고 언덕을 올라가려고 했어. 그런데 언덕이 너무 높은 거야. 그래서 수레를 세우고 지나가는 사람들이 도와 주기를 기다렸지. 그러나 사람들은 수레를 밀어 줄 생각을 하지 않고 그냥 지나쳐 갔어.

그는 하는 수 없이 무거운 수레를 끌고 낑낑거리며 언덕을 오르기 시작했단다. 곧 그의 몸에서는 땀이 비 오듯 쏟아졌지. 바로 그 때 그의 모습을 지켜 보던 사람들이 하나 둘씩 수레를 밀어 주기 시작했어.

수레를 밀어 주기를 기다리고 있을 때에는 아무도 도와 주지 않았어. 하지만 땀을 흘리고 있는 마틴 루터 킹의 모습을 본 사람들은 그를 도와 줘야겠다고 생각했단다.

리더는 친구들의 도움을 받아야 할 때가 많아. 이 때 말로만 도움을 청하는 것은 그리 좋은 방법이 아니야. 그보다는 네가 먼저 모범을 보여서 친구들의 마음을 움직이는 것이 가장 좋은 방법이란다.

예를 들어 선생님이 네게 친구들과 함께 유리창을 닦으라고 하셨다고 하자. 친구들에게 일을 나눠 주고 사사건건 간섭하고 점검하는 것보다는 네가 먼저 땀을 흘리며 유리창을 열심히 닦는 모습을 보여 주렴. 그럼 친구들은 '회장이 먼저 유리창을 닦는데 우리가 가만히 있을 수 없지.'라고 생각할 거야.

진정한 리더가 되려면 네가 먼저 모범을 보이는 습관을 길러야 해. 네가 먼저 땀 흘려 일을 한다면 친구들도 너를 따르게 될 거야.

웃는 얼굴로 친구들을 대하자

웃음도 자꾸 연습하면 는단다. 거울을 보고 자신 있게 웃는 표정을 지어 보렴. 입가를 약간 위로 올리고, 이를 조금 밖으로 보이게 하면 자신감 있는 웃음을 지을 수 있단다.

'웃는 얼굴에 침 못 뱉는다.'라는 속담을 들어 봤니? 친구들 앞에 서야 하는 리더는 웃는 얼굴을 할 줄 알아야 한단다.

예를 들어 엄마한테 꾸중을 듣고 학교에 왔다고 한번 생각해 보자. 속으로는 몹시 기분이 안 좋겠지만 그렇다고 해서 친구들 앞에서 기분 나쁜 얼굴로 이야기하는 것은 리더의 자세가 아니란다. 너의 얼굴 표정에 따라 친구들의 기분을 좋게도, 나쁘게도 만들 수 있어. 그래서 진정한 리더는 자기의 마음을 잘 다스릴 줄 알아야 한단다.

"억지로 웃는 게 무슨 도움이 되요?"라고 묻는 친구들이 있을 거야. 하지만 억지로 웃는 것도 몸과 마음에 모두 도움이 된단다. **'하하하' 웃는 웃음은 심장과 폐를 건강하게 해 주고, '히히히' 웃는 웃음은 머리를 맑게 해 주며, '후후후' 웃는 웃음은 아랫배를 강하게 해 준다고 해.** 그리고 억지 웃음이라도 일단 웃기 시작하면 마음이 맑아진다고 해.

 ## 웃는 얼굴을 만드는 방법

① 얼굴을 손바닥으로 문지른다

손바닥으로 광대뼈와 눈 주위를 가볍게 10회 정도 문질러 주렴. 굳은 얼굴을 풀어 주면 얼굴에 웃음이 잘 번진단다.

② 거울을 보고 웃는 연습을 해 본다

웃음도 자꾸 연습하면 는단다. 거울을 보고 자신 있게 웃는 표정을 지어 보렴. 입가를 약간 위로 올리고, 이를 조금 밖으로 보이게 하면 자신감 있는 웃음을 지을 수 있단다.

050 잘못된 대화 습관을 고치자

리더는 많은 친구들과 대화를 나눠야 해. 따라서 능력 있는 리더가 되기 위해서는 효과적으로 대화하는 방법을 알고 있어야 한단다.

"모든 문제는 대화가 끊어진 곳에서 시작된다."라는 말이 있어. 그만큼 대화는 사람이 살아가는 데 꼭 필요한 거야. 특히 리더에게 대화는 필수란다.

리더는 많은 친구들과 대화를 나눠야 해. 따라서 능력 있는 리더가 되기 위해서는 효과적으로 대화하는 방법을 알고 있어야 한단다.

그런데 많은 어린이들이 나쁜 대화 습관을 가지고 있다는 걸 알고 있니? 혹시 너도 다음과 같은 나쁜 대화 습관이 있는지 한번 잘 살펴보렴. 만약 나쁜 대화 습관이 하나라도 있다면 얼른 고쳐야 한단다.

① 눈치를 보지 말자

말도 하기 전에 '이 말을 하면 상대가 뭐라고 생각할까?'라고 주저하는 습관을 버리자. 상대방의 얼굴을 보면서 자신 있게 "~라고 생각해."라고 말하는 습관을 들여 보렴.

② 상대의 말을 집중해서 듣는 습관을 기르자

친구가 말을 다 끝냈을 때 "어? 뭐라고?" 하고 되묻는 경우가 많지는 않았니? 그렇다면 얼른 대화 습관을 고쳐야 해. 상대방이 이야기할 때는 그 이야기에 집중하는 습관을 들여 보렴. 머릿속으로 딴 생각을 하면서 상대의 이야기를 듣는 것은 대화 예절에 어긋난단다.

③ 상대의 말을 중간에 끊지 말아야 한다

상대방이 말하는 도중에 "그런데 내 생각에는 말이야.", "내 입장은 이래."라는 말을 자주 하는 편이니? 그럼 넌 나쁜 대화 습관을 가지고 있는 거란다. 항상 상대의 말이 다 끝난 다음에 네 생각을 말하는 습관을 들이렴.

인 / 물 / 탐 / 구
월트 디즈니

　한 소년이 석탄 조각으로 땅바닥에 열심히 그림을 그리고 있었어요. 그 때 우연히 그 옆을 지나가던 한 목동이 소년을 보고 물었어요.
　"얘야, 너 지금 땅바닥에 뭘 하고 있는 게냐?"
　"그림을 그리고 있어요."
　"그림? 그림은 도화지에 그려야지. 왜 땅바닥에 그리냐?"
　"습관이 되어서 그래요. 저는 그림을 그리는 게 너무 좋아요. 그런데 집이 가난해서 연필과 도화지를 살 형편이 안 돼요. 하지만 이렇게라도 제가 좋아하는 그림을 매일 그리다 보면 언젠가는 훌륭한 화가가 되지 않겠어요?"
　이 소년이 바로 훗날 미국 최대의 놀이 동산 '디즈니랜드'를 만든 월트 디즈니예요. 디즈니는 평생 동안 무려 550여 편이나 되는 많은 만화 영화를 만들었답니다.
　디즈니는 어려서부터 아무 곳에나 그림을 그리는 습관이 있었어요. 그림 그리기를 너무 좋아한 디즈니는 어른이 된 후에도 이 습관을 버릴 수 없었지요. 하지만 그 바람에 절망에 빠지기도 했답니다.
　어른이 된 디즈니는 한 작은 회사에 취직을 했어요. 그는 책상에 앉아 일을 하다가도 자기도 모르게 서류 뒷면에다 우스꽝스러운 동물 그림을 그리고는 했어요. 그 모습을 본 사장은 노발대발하며 디즈니를 회사에서 쫓아냈어요. 하지만 그는 곧 기운을 차렸어요.

"그래, 실망하지 말자. 아무 곳에나 그림을 그리는 내 습관이 오히려 득이 될 수 있는 일을 찾아보자."

그는 그 때부터 본격적으로 만화를 그리기 시작했어요. 밤 늦게까지 일을 할 때는 일부러 책상 옆에 빵 부스러기를 뿌려 놓기도 했어요. 그러면 쥐들이 하나 둘 빵 부스러기를 먹기 위해 모여들었지요. 디즈니는 얼른 쥐들의 모습을 그림으로 옮겼어요. '미키 마우스'는 그렇게 해서 탄생했답니다.

디즈니가 아카데미 상을 받았을 때 사회자가 그에게 물었어요.

"세계 최고의 만화 영화를 만들 수 있었던 힘은 무엇입니까?"

그러자 디즈니가 말했어요.

"저는 어려서부터 언제 어디에서나 그림을 그리는 습관이 있었습니다. 그리고 지금도 그 습관을 버리지 못하고 있지요. 이 습관을 저의 장점으로 발전시켰기 때문에 지금 이 자리에 오를 수 있었다고 생각합니다."

내가 바로 미키 마우스의 원조라고!

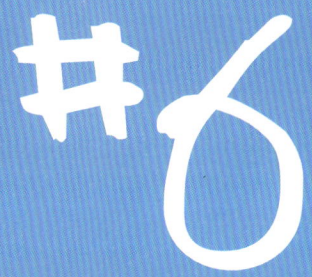

리더가 들려 주는 성공 법칙
친구 관계

051 진정한 친구는 어떤 친구일까?
052 많은 친구들을 사귀는 비법
053 좋아하는 친구와 싫어하는 친구를 구분하지 마라
054 친구의 입장에서 생각하기
055 가까운 사이일수록 칭찬을 많이 해 주자
056 친구의 이야기를 잘 들어 줘라
057 잘못을 했을 때는 곧바로 사과해라
058 친구에게 사과 잘하는 다섯 가지 방법
059 친구들의 이름을 달달 외우고 다녀라
060 친구를 미워하는 마음은 네 마음을 썩게 한다

인물 탐구 _ 앤드류 카네기

050 진정한 친구는 어떤 친구일까?

진정한 친구란 무조건 나에게 잘해 주는 친구가 아니란다. 내가 나쁜 길로 갈 때는 따끔하게 충고를 해 줄 수 있는 친구, 잘못된 생각을 했을 때는 바로잡아 줄 수 있는 친구, 그런 친구가 바로 진정한 친구란다.

독일의 재상 비스마르크는 젊은 시절 사냥을 즐겼어. 하루는 제일 친한 친구와 함께 사냥을 나갔단다.

두 친구는 정신없이 사냥감을 쫓아 이곳 저곳을 뛰어다녔어. 그러다 그만 친구가 늪에 빠지고 말았단다. 친구는 늪에서 빠져 나오려고 발버둥을 쳤지만 그럴수록 늪으로 더욱 깊이 빠져들고 있었지.

"이보게, 제발 나 좀 살려 주게."

비스마르크는 얼른 막대기를 찾아 친구에게 내밀었어. 하지만 막대기는 친구의 손에 닿지 않았고, 친구는 절망에 빠져 소리쳤어.

"아, 안 되겠어. 이제 나는 끝이야. 난 여기에서 죽게 될 거야."

"포기하면 안 돼. 힘을 내서 어서 막대기를 잡아."

하지만 친구는 이미 포기한 듯 더 이상 움직이지 않았어.

그러자 비스마르크는 갑자기 총을 들어 친구를 겨냥했어.

"이, 이보게. 지금 그게 무슨 짓인가?"

친구는 깜짝 놀라 소리쳤어.

"어차피 죽기로 마음먹었다면 차라리 내 손에 죽게."

비스마르크의 행동에 놀란 친구는 총구를 피하려고 이리저리 몸을 움직였어. 덕분에 친구는 막대기가 있는 곳까지 올라올 수 있었지. 비스마르크는 얼른 막대기를 잡아당겨 친구를 구해 주었어. 그러고는 이렇게 말했단다.

"어차피 죽기로 마음먹었다면…"

"아까 일로 너무 섭섭하게 생각하지 말게. 내가 자네에게 총구를 겨누지 않았으면 절망에 빠진 자네는 분명 저 늪에 빠져 죽었을 걸세."

진정한 친구란 어떤 친구인지 생각해 본 적이 있니? 진정한 친구란 무조건 나에게 잘해 주는 친구가 아니란다. 내가 나쁜 길로 갈 때는 따끔하게 충고를 해 줄 수 있는 친구, 잘못된 생각을 했을 때는 바로잡아 줄 수 있는 친구, 그런 친구가 바로 진정한 친구란다.

많은 친구들을 사귀는 비법

많은 친구들을 사귀고 싶다면 단체 활동에 많이 참여해 보렴. 학교에서 가는 수련회나 교회에서 가는 수련회 등에 참여해서 많은 친구들과 사귀어 보렴.

학교 생활을 하다 보면 친구들과 경쟁을 해야 할 때도 있고, 심하게 싸울 때도 있을 거야. 하지만 리더는 많은 친구들과 좋은 관계를 유지해야 한단다. 친구들과의 관계가 좋지 않으면 리더 역할을 제대로 할 수 없기 때문이지. 이번엔 여러 친구들과 골고루 친해지려면 어떻게 해야 하는지 알려 줄게.

① 비슷한 취미가 있는 친구들과 친하게 지내라

취미가 비슷한 친구와는 말도 잘 통하고 할 얘기도 많아. 그래서 비교적 쉽게 친해지는 편이지. 네가 만약 독서가 취미라면 책을 좋아하는 친구들과 함께 책에 관한 이야기를 나누어 보렴. 그러다 보면 서로 금방 친해질 거야.

② 단체 활동을 할 수 있는 기회를 많이 만들어라

많은 친구들을 사귀고 싶다면 단체 활동에 많이 참여해 보렴. 학교에서 가는 수련회나 교회에서 가는 수련회 등에 참여해서 많은 친구들과 사귀어 보렴. 그리고 기회가 되면 친구들과 함께 쓰레기를 줍거나 골목을 청소하는 등의 사회 봉사 활동도 해 보렴.

③ **남자, 여자를 가리지 말고 잘 어울려라**

네가 남자라고 해서 남자들하고만 어울리는 것은 잘못된 행동이야. 마찬가지로 네가 여자라고 해서 여자들하고만 어울리는 것도 마찬가지지. 리더는 남자, 여자를 가리지 말고 모두와 잘 어울려야 한단다.

④ **또래 아이들하고만 놀지 말고 자기보다 나이가 많거나 적은 아이들과도 함께 놀아라**

언니, 오빠, 형들과도 친하게 지내다 보면 여러 가지를 배울 수 있어. 그리고 자기보다 나이가 어린 동생들과 함께 놀다 보면 책임감을 기를 수 있단다.

좋아하는 친구와 싫어하는 친구를 구분하지 마라

어떤 편견도 갖지 말고, 마음을 열고 친구들을 대하는 거야. 네가 먼저 마음을 열고 있으면 너와 마음이 맞지 않다고 생각했던 친구들도 너에게 마음을 열 거야.

학교 친구들을 한번 생각해 보자. 그 중에는 친하게 지내고 싶은 친구들이 있고, 그렇지 않은 친구들도 있을 거야. 얼굴을 보기만 해도 즐거운 친구도 있고, 괜히 얄미운 친구도 있겠지.

학교에서 수련회를 갈 때면 가장 친한 친구와 같은 조가 되기를 바라지?

"이왕이면 나와 가장 친한 친구인 지우와 같은 조가 되면 좋을 텐데……."

만약 싫어하는 친구와 같은 조가 되면 수련회의 프로그램이 모두 재미없게 느껴질 거야.

학교에서 조를 짜서 과학 수업을 할 때도 마찬가지야. 싫어하는 친구와 같은 조가 되었을 때는 과학 수업이 왠지 지겹게 느껴지지 않았니?

그런데 싫어하는 친구 때문에 공부를 소홀히 한다면 누구 손해일까? 바로 너 자신의 손해란다.

이 세상에는 수많은 사람들이 살고 있어. 그 중에는 나와 맞는 사람도 있고, 안 맞는 사람도 있지. 하지만 **항상 나와 맞는 사람들하고만 함께 지낼 수는 없단다. 나와 맞지 않는 사람**

들과도 많은 일을 함께 해야 하는 법이지.

훗날 학교를 졸업하고 사회 생활을 하게 되면 더욱 그렇단다.

앞으로는 좋아하는 친구와 싫어하는 친구를 구분하지 말고, 여러 친구들과 골고루 친하게 지내는 연습을 해 보렴.

어떤 편견도 갖지 말고, 마음을 열고 친구들을 대하는 거야. 네가 먼저 마음을 열고 있으면 너와 마음이 맞지 않다고 생각했던 친구들도 너에게 마음을 열 거야.

친구의 입장에서 생각하기

친구들을 사귀다 보면 친구의 말이나 행동을 이해하기 힘들 때가 있을 거야. 그럴 때는 네 생각만 고집하지 말고 얼른 친구의 입장이 되어서 생각해 보렴.

어느 날, 해와 달이 싸우기 시작했어. 둘은 만나기만 하면 자기들의 생각이 옳다고 우겼지.
해가 말했어.
"사람들은 왜 매일 일만 하는지 모르겠어."
그러자 달이 말했단다.
"뭐? 넌 정말 아무것도 모르는구나. 사람들은 매일 잠만 자."

그러던 어느 날, 바람이 해와 달에게 말했단다.
"사람들은 낮에는 일하고 밤에는 잠을 자. 그러니까 해가 하는 말도 맞고, 달이 하는 말도 맞아. 제발 그만 싸우고 남의 입장을 이해하는 마음을 가지렴."

외국 격언에 "일찍 일어나는 새가 벌레를 더 많이 잡는다."라는 말이 있어. 근면과 성실의 중요성을 강조한 격언이지.

하지만 벌레의 입장에서 보면 어떨

까? 벌레 입장에서는 늦게 일어나는 벌레가 더 오래 살지 않을까?

즉 누구의 입장에 처해 있느냐에 따라 아침에 일찍 일어나는 것이 좋을 수도 있고, 늦게 일어나는 것이 좋을 수도 있는 거지.

마찬가지로 내 입장에서 생각하면 내 말이 맞는 것 같지만, 친구의 입장에서 생각하면 친구의 말이 맞을 수도 있단다.

친구들을 사귀다 보면 친구의 말이나 행동을 이해하기 힘들 때가 있을 거야. 그럴 때는 네 생각만 고집하지 말고 얼른 친구의 입장이 되어서 생각해 보렴. 그럼 그 친구가 왜 그런 말과 행동을 했는지를 이해할 수 있을 거야.

리더가 되려면 상대방의 입장에서 생각해 보는 훈련을 해야 해. 많은 사람들의 입장을 이해할 수 있는 사람이야말로 그들을 이끌 수 있는 리더십을 발휘할 수 있단다.

가까운 사이일수록 칭찬을 많이 해 주자

칭찬은 사람을 변화시키는 큰 힘을 가지고 있어. 또한 칭찬은 좋은 친구 관계를 유지해 나가는 데 큰 도움을 준단다. 친한 친구 사이일수록 칭찬을 많이 해 주는 게 좋아.

이탈리아에 노래를 좋아하는 한 소년이 살고 있었어. 이 소년이 노래를 부르면 사람들은 이렇게 말했단다.

"얘야, 아무래도 넌 재능이 없는 것 같구나."

소년은 그런 말을 들을 때마다 노래를 그만 두려고 했어. 하지만 소년의 아버지는 소년이 힘들어할 때마다 이렇게 칭찬의 말을 해 주었단다.

"너는 분명히 훌륭한 성악가가 될 거야. 네 노래 솜씨는 점점 좋아지고 있단다."

아버지의 칭찬에 힘을 얻은 소년은 마침내 세계 최고의 성악가가 되었어. 그 소년이 바로 유명한 테너 가수로 이름을 떨쳤던 카루소란다.

칭찬은 사람을 변화시키는 큰 힘을 가지고 있어. 또한 칭찬은 좋은 친구 관계를 유지해 나가는 데 큰 도움을 준단다. 친한 친구 사이일수록 칭찬을 많이 해 주는 게 좋아. 오늘 친구가 체육 시간에 줄넘기를 잘했다면, "너 오늘 정말 잘하더라."라고 칭찬의 말을 건네 봐. 그럼 그 친구는 정말 기뻐할 거야.

그런데 칭찬하는 걸 아주 쑥스럽게 생각하는 사람이 있어. "에이, 그건 아부잖아요."라고 말하는 아이들도 있지. 하지만 칭찬과 아부는 엄연히 다른 거란다. 칭찬은 마음에서 우러나오는 말이고, 아부는 잘 보이기 위해 마음에도 없는 소리를 하는 거니까 말이야.

앞으로는 똑같은 말이라도 이왕이면 좋게 표현하는 습관을 길러 보렴. "넌 참 걸음이 느리구나."라는 말보다는 "넌 참 여유가 있구나."라고 말해 봐. 또 "왜 이렇게 시끄럽게 떠드니?"라는 말보다는 "너 참 말을 잘하는구나."라고 표현해 보는 건 어떨까?

누군가에게 칭찬을 들었을 때 기분이 어땠는지 한번 잘 생각해 보렴. 그럼 친구들에게 왜 칭찬의 말을 건네야 하는지 알 수 있을 거야.

056

친구의 이야기를 잘 들어 줘라

사람들이 강아지를 좋아하는 이유는 강아지가 자기에게 끊임없이 관심을 가지기 때문이야. 네가 먼저 친구의 이야기에 관심을 가지고, 잘 들어 주는 건 어떨까?

사람들은 대부분 강아지를 좋아해. 특히 어린이들은 강아지를 가장 좋은 친구라고 생각하지. 왜 그럴까?

그건 강아지가 언제든 주인을 보면 행복하게 꼬리를 흔들기 때문이란다. 주인이 걸어가면 같이 걸어가고, 주인이 멈춰 서면 같이 멈춰 서서 주인을 바라보잖아. 사람들은 그런 강아지의 특성을 좋아하는 거란다.

다시 말해서 사람들이 강아지를 좋아하는 이유는 강아지가 자기에게 끊임없이 관심을 가지기 때문이야.

이와 마찬가지로 **사람들은 자신에게 관심을 가져 주는 사람을 좋아해. 자기 이야기를 잘 들어 주는 사람을 가장 좋은 친구라고 생각하지.**

물론 네 이야기도 해야겠지. 하지만 우선 네가 먼저 친구의 이야기에 관심을 가지고, 잘 들어 주는 건 어떨까?

친구의 이야기를 들어 줄 때는 적절한 질문을 던지는 것이 좋아.

"정말? 그래서 어떻게 됐는데?"

"어쩜, 정말 그런 일이 일어난 거야?"

이렇게 적절한 질문을 던지면 친구는 더 신이 나서 이야기를 할 거야.

그리고 자신의 이야기에 관심을 갖고 들어 준 것에 대해 고마워하면서 너의 이야기에도 귀를 기울여 줄 거야.

희철이가 글쎄 어쩌구~.

어제 내가 말이야~.

친구의 이야기에 관심 가져 주기!

신나게 맞장구 쳐 주기!

정말? 그래서 어떻게 됐는데?

잘못을 했을 때는
곧바로 사과해라

우리는 때로는 본의 아니게 잘못을 저지르기도 한단다. 문제는 잘못을 저지르고 난 후야. 잘못을 저질렀을 때 자신의 잘못을 인정하고 사과를 하는 사람이 있고, 계속해서 변명을 늘어놓는 사람이 있지.

아카데미 상을 수상한 미국의 한 여배우가 백화점에서 물건을 훔치다가 붙잡힌 일이 있었어. 그 때 그녀는 이렇게 변명을 했단다.

"훔치려던 게 아니라 배우로서 연기 연습을 하고 있었던 거예요."

이 말을 들은 판사는 뭐라고 했을까? "오, 정말이오? 그럼 당신은 무죄요."라고 했을까? 판사는 오히려 그녀에게 더 큰 벌을 내렸단다.

"당신은 자기 잘못에 대해 반성은 하지 않고, 변명만 늘어놓고 있소. 따라서 당신은 다시 그런 죄를 범할 가능성이 있소. 이것이 내가 당신에게 큰 벌을 내리는 이유요."

인간은 완벽할 수 없어. 그래서 때로는 본의 아니게 잘못을 저지르기도 한단다. 도둑질을 하기도 하고, 거짓말을 하기도 하고, 친구를 헐뜯는 말을 하기도 하지.

> 책임감 있는 행동으로
> 믿음과 신뢰 쌓기!

나 사과

 문제는 잘못을 저지르고 난 후야. 잘못을 저질렀을 때 자신의 잘못을 인정하고 사과를 하는 사람이 있고, 계속해서 변명을 늘어놓는 사람이 있지.

 "공부할 시간이 부족해서 부정 행위를 하게 되었어요."

 "시간이 없어서 숙제를 못 해 왔어요."

 잘못을 하고 이런 변명을 늘어놓는 건 리더의 태도라고 할 수 없어. 친구와의 약속을 어기는 등 사소한 잘못을 저질렀을 때에도 마찬가지야. 어떤 잘못이든 잘못을 저질렀을 때는 바로 그 자리에서 "죄송합니다.", "미안해. 내가 잘못했어."라고 말해야 한단다.

 입장을 바꿔 놓고 생각해 봐. 약속 시간에 1시간이나 늦게 나온 친구가 "동생이 따라 나오려고 하는 걸 떼어 놓고 나오느라……." 하고 계속 변명만 늘어놓는다면 네 기분이 어떨까?

 친구들에게 믿음과 신뢰를 얻고 싶니? 그럼 잘못을 했을 때는 그 즉시 잘못을 인정하고 사과하렴. 사람은 누구나 자신이 한 일에 대해 책임을 져야 한단다.

친구에게 사과 잘하는 다섯 가지 방법

사과를 할 때는 실수를 한 것에 대해 후회하고 있다는 것을 꼭 강조해서 말해야 해. 그리고 이번 기회를 통해 더 잘 지내고 싶다는 뜻을 알리는 것이 좋단다.

친구와 싸웠을 때는 얼른 사과를 하는 게 가장 좋은 방법이야. 하지만 아직 화가 덜 풀린 친구에게 그냥 "화 풀어."라고 말하면 어떻게 될까? 오히려 더 화를 낼지도 몰라. 이번엔 친구와 싸웠을 때 화해하는 방법을 알려 줄게. 이 다섯 가지만 잘 알고 있어도 많은 도움이 될 거야.

① 잘못한 내용을 말해야 한다

사과를 할 때는 어떤 점을 잘못했는지 직접 말하는 것이 좋아. 예를 들어 친구에게 빌린 책을 잃어버렸다면, "네가 빌려 준 책을 잃어버려서 정말 미안해!"라고 말하렴. 사과를 할 때는 잘못한 것이 무엇인지 나도 잘 알고 있다는 것을 친구에게 알려 줘야 한단다.

② 후회하고 있다는 것을 말해 줘야 한다

사과를 할 때는 실수를 한 것에 대해 후회하고 있다는 것을 꼭 강조해서 말해야

해. 그리고 이번 기회를 통해 더 잘 지내고 싶다는 뜻을 알리는 것이 좋단다.

③ 앞으로는 그러지 않겠다고 약속해야 한다

사과를 할 때는 꼭 "앞으로는 이런 실수를 저지르지 않을게."라는 말도 함께 해야 한단다. 그리고 진심으로 그런 모습을 보여 줘야 해. 그렇지 않고 또 똑같은 실수를 하는 건 진심으로 사과를 한 것이 아니란다.

④ 실수를 만회하기 위해서 노력해야 한다

말로만 사과하는 것으로 끝내지 말고, 네가 한 실수를 만회하기 위해서 노력하는 모습을 보여 주는 것이 좋아. 친구에게 사과의 선물을 주는 것도 나쁘지 않지.

⑤ 인터넷 메일이나 핸드폰 문자를 이용한다

친구가 너와 마주하고 싶지 않을 정도로 화가 나 있을 때는 어떻게 해야 할까? 그럴 때는 인터넷 메일이나 핸드폰 문자를 이용해서 사과의 말을 전하는 것이 좋아. 우선 그렇게 진심으로 사과한다는 뜻을 전한 다음, 친구의 화가 풀리면 그 때 다시 사과의 말을 해 보렴.

059 친구들의 이름을 달달 외우고 다녀라

루스벨트 대통령은 왜 주변 사람들의 이름을 다 외웠을까? 루스벨트 대통령은 그것이 리더가 갖추어야 할 최소한의 예의라고 생각했단다.

미국의 루스벨트 대통령은 주변 사람들의 이름을 잘 외웠다고 해. 심지어 그는 경호원들과 청소원들을 포함해서 백악관에서 일하는 모든 사람들의 이름을 기억했다고 하지.

루스벨트 대통령은 왜 주변 사람들의 이름을 다 외웠을까? 루스벨트 대통령은 그것이 리더가 갖추어야 할 최소한의 예의라고 생각했단다.

새 학년이 되면 담임 선생님도 바뀌고 반 아이들도 많이 바뀌지. 그래서 한동안은 서로 서먹서먹하게 지낼 거야.

왜 그런지 아니? 서로 이름을 모르기 때문이란다.

일단 서로 이름을 알게 되면 금방 친해졌다는 느낌이 들 거야. 그리고 친구들의 이름을 자주 불러 주면 인기도 점점 높아진단다.

학생들의 이름을 자주 불러 주는 선생님은 인기가 좋아.

"지우야, 국어책을 읽어 보렴." 하고 학생의 이름을 부르면, 듣는 아이는 더욱 열심히 읽게 될 거야.

반면에 어떤 선생님은 새 학년이 되고 몇 주일이 지날 때까지 "야, 너. 그래 너 말이야." 하고 부를 때가 있어. 물론 이런 선생님을 좋아할 학생들은 아무도 없겠지.

네가 만약 학교에서 회장이나 부회장을 맡고 있다면 얼른 친구들의 이름부터 외워야 한단다. **친구들의 이름을 자주 불러 줄수록 친구들은 점점 너와 가까워질 거야.**

하지만 어떤 친구의 이름은 유난히 잘 안 외워질 때도 있을 거야. 그럴 때는 그 친구에게 관심을 가지고 네가 먼저 말을 붙여 보렴. 네가 좋아하는 가수 이름이나 노래 가사는 아주 쉽게 외우잖아. 친구들의 이름을 외우는 것도 그와 마찬가지란다.

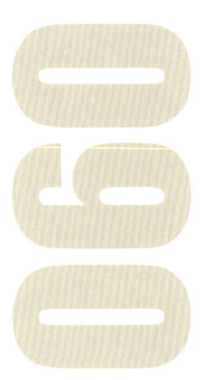

친구를 **미워하는** 마음은 네 마음을 **썩게** 한다

남을 미워하고 싫어하는 마음은 결국 네 마음을 썩게 만든단다. 친구가 미워지려고 할 때는 얼른 그 친구의 장점을 찾으려고 노력해 보렴.

아주 작은 언덕 위에 큰 나무와 작은 나무가 함께 살고 있었어. 그런데 작은 나무는 큰 나무를 아주 미워했단다.

"이 작은 언덕 위에 나무가 두 그루나 있어야 하다니. 큰 나무 때문에 내가 이렇게 키가 작은 거야. 저 큰 나무가 없어지면 얼마나 좋을까……."

그러던 어느 날, 나무꾼이 나타나서 큰 나무를 베어 버렸어. 작은 나무는 너무너무 행복해했지.

"드디어 나 혼자 이 언덕을 차지할 수 있겠구나."

얼마 후, 큰 폭풍과 비바람이 몰려왔어. 작은 나무는 몸을 잔뜩 웅크리며 중얼거렸어.

"이 정도의 폭풍우는 끄떡없어. 예전에도 잘 견뎌 냈잖아."

하지만 작은 나무는 얼마 못 가서 거센 폭풍우를 이기지 못하고 뿌리째 뽑혀 나가고 말았단다.

작은 나무는 왜 폭풍우를 견디지 못했을까? 바로 큰 나무가 없었기 때문이란다. 예전에는 큰 나무가 곁에서 폭풍우를 막아 주었기 때문에 작은 나무가 무사할 수 있었던 거야.

이 세상에 너와 완전히 똑같은 사람은 단 한 명도 없어. 쌍둥이라고 할지라도 완전히 똑같을 수는 없단다. 친구들도 마찬가지야. 친구들은 모두 각각 성격이 달라. 어떤 친구는 고집이 세고, 또 어떤 친구는 잘난 체를 잘하지. 이렇게 성격이 각기 다른 친구들과 학교 생활을 하다 보면 서로 부딪히는 경우가 많을 거야.

그렇더라도 친구를 미워해서는 안 돼. **남을 미워하고 싫어하는 마음은 결국 네 마음을 썩게 만든단다. 친구가 미워지려고 할 때는 얼른 그 친구의 장점을 찾으려고 노력해 보렴.** 그리고 친구의 장점에 대해 칭찬을 해 주렴. 그럼 미워하는 마음이 조금씩 사라질 거야.

힘들수록 서로에게 버팀목이 되는 친구가 되렴.

인 / 물 / 탐 / 구

앤드류 카네기

'강철왕'이라고 불리는 앤드류 카네기는 자신이 번 모든 돈을 사회에 기부하고 죽은 사람이에요. 그는 '철'과 관련된 사업을 해서 미국에서 가장 돈을 많이 벌었어요. 하지만 그는 그 돈을 자기를 위해서만 쓰지 않았어요. 카네기는 "모아 놓은 돈은 고약한 냄새를 풍기는 물고기와 같다."라고 선언한 뒤, 가난한 이웃과 사회를 위해 그 돈을 되돌려 주었답니다. 이 때문에 지금도 많은 사람들은 카네기를 위대한 사업가라고 평하고 있어요.

그런데 카네기는 어떻게 그렇게 많은 돈을 모을 수 있었을까요? 그 비밀은 바로 그의 뛰어난 인간 관계에 있답니다. 그는 자신의 성공에 대해 이렇게 말했어요.

"내게는 능력이 없습니다. 다만 능력이 있는 친구들을 많이 두었을 뿐입니다. 그 친구들 덕분에 많은 돈을 벌 수 있었지요. 능력 있는 사람들을 친구로 삼은 것이 성공의 비결입니다."

카네기는 어려서부터 친구 관계가 아주 좋았어요. 그에게는 항상 많은 친구들이 있었지요. 언젠가 한번은 그의 집에서 토끼를 기르기로 했어요. 하지만 토끼 먹이를 주는 게 보통 힘든 일이 아니었지요. 그의 아버지는 어린 카네기가 그런 일을 할 수 없을 거라고 생각해서 처음에는 반대했어요. 하지만 카네기는 자신이 있었어요.

그는 친구들을 모두 불러놓고 이렇게 말했어요.

"얘들아, 너희들이 나를 좀 도와 줘. 이 토끼들이 새끼를 낳으면 너희들의 이름을 하나씩 붙여 줄게. 그리고 커서도 절대 너희들의 도움을 잊지 않을게."

친구들은 카네기가 친구들과의 약속을 잘 지킨다는 것을 알고 있었어요. 친구들은 카네기의 말에 토끼풀 뜯는 일을 도와 주었고, 그 덕분에 토끼를 잘 키울 수 있었어요.

어른이 된 후에도 카네기의 주위에는 항상 사람들이 많았어요. 그는 지위가 아무리 낮은 사람일지라도 능력만 있으면 많은 봉급과 높은 직책을 주었어요. 그러자 그의 주위에는 점점 더 많은 사람들이 몰려들었어요. 그는 직원들의 능력을 가장 중요하게 생각하는 사업가였어요. 자신의 강철 회사의 이름을 자기 이름 대신 능력 있는 친구의 이름을 써서 '에드가 톰슨 강철' 이라고 짓기도 했지요.

훗날, 카네기는 성공을 꿈꾸는 사업가들에게 이런 말을 했어요.

"성공하고 싶으면 먼저 좋은 친구들을 많이 만드세요. 자기 혼자만의 힘으로 성공할 수 있는 사람은 이 세상에 아무도 없으니까요."

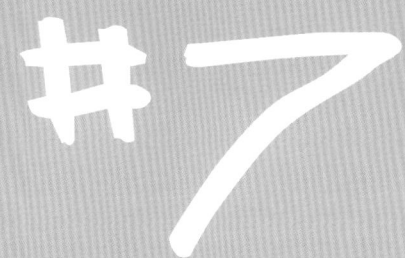

#7 리더가 들려 주는 성공 법칙
긍정의 힘

061 환경을 탓하지 말아라
062 내 안에 숨어 있는 능력을 찾아 내는 방법
063 목숨도 살리는 긍정의 힘
064 너는 지금 어떤 눈으로 자신을 보고 있니?
065 나비는 왜 죽었을까?
066 긍정적인 말로 하루를 시작하자
067 긍정적으로 사는 법
068 억지로라도 웃으면 행복해진다
069 스스로 선택하고 스스로 결정해라
070 아무 일 없을 거야!

인물 탐구 _ 오프라 윈프리

061

환경을 탓하지 말아라

어려운 환경에 처해 있는 사람들 중에도 긍정적으로 생각하는 사람이 있고, 부유한 환경에 처해 있는 사람들 중에도 부정적으로 생각하는 사람이 있지. 즉, 모든 일은 마음에 달린 거란다.

명작 〈올리버 트위스트〉와 〈크리스마스 캐롤〉을 쓴 영국의 작가 찰스 디킨즈를 알고 있니?

그는 아주 가난한 집안에서 태어났어. 아버지가 빚을 지고 감옥에 가는 바람에 그가 가족들의 생계를 책임져야 했어. 어린 찰스 디킨즈는 단 하루도 쉬지 못하고 매일 골목에 쪼그리고 앉아 구두를 닦아야 했단다.

사람들은 그런 그를 불행하다고 생각했어.

"쯧쯧, 어린애가 참 안됐구나."

그 때마다 그는 환경을 탓하지 않고 이렇게 대답했단다.

"아니에요. 저는 매일 구두를 닦으면서 희망을 함께 닦고 있어요. 언젠가는 좋은 날이 올 거예요."

반면에 그의 친구 중에는 풍족한 가정에서 태어난 한 소년이 있었어. 엄마, 아빠는 소년이 사 달라고 하는 것이면 무엇이든지 사 주었고, 하고 싶어하는 것은 무엇이든 하게 해 주었단다. 한마디로 부족할 것 없는 환경 속에서 생활하고 있었어. 하

환경은 희망과 함께 반짝반짝 빛난다!

지만 그 소년은 늘 찰스 디킨즈에게 이렇게 말했단다.

"난 너무 불행해. 남들처럼 자유롭게 살고 싶어. 난 매일 엄마, 아빠의 품에서 답답하게 살고 있어."

긍정적인 생각과 부정적인 생각은 환경과 전혀 상관이 없어. 어려운 환경에 처해 있는 사람들 중에도 긍정적으로 생각하는 사람이 있고, 부유한 환경에 처해 있는 사람들 중에도 부정적으로 생각하는 사람이 있지. 즉, 모든 일은 마음에 달린 거란다.

너는 네 주변 환경을 어떻게 생각하고 있니?

'나는 좋은 환경에서 공부하고 있어.', '내 주변에는 좋은 친구들이 많아.'라고 네 주변의 상황을 긍정적으로 생각해 보렴.

내 안에 숨어 있는 능력을 찾아 내는 방법

너에게 없는 능력을 다른 친구들이 가지고 있는 것처럼, 너에게도 다른 친구들에게 없는 능력이 있단다. 누구나 남들보다 잘하는 것이 한 가지 이상은 있게 마련이야.

대부분의 아이들은 자기보다 능력이 뛰어난 친구를 부러워해. 그리고 자신의 단점을 자꾸 감추려고 애를 쓰지.

'지우는 어쩜 저렇게 공부를 잘할까?'

'나도 철수처럼 노래를 잘했으면……'

'나는 입이 좀 튀어 나왔으니까 입을 꽉 다물고 다녀야지.'

'내 키는 왜 이렇게 작지.'

이렇게 남을 부러워하고, 자신의 단점 때문에 고민하는 건 어리석은 짓이란다. 그보다는 네가 가지고 있는 장점을 발견하고, 그 장점을 더욱 발전시키기 위해 노력해야 해.

너에게 없는 능력을 다른 친구들이 가지고 있는 것처럼, 너에게도 다른 친구들에게 없는 능력이 있단다.

누구나 남들보다 잘하는 것이 한 가지 이상은 있게 마련이야. 그런데 **네가 가지고 있는 그 능력을 키우려면 먼저 너 자신을 잘 알아야 한단다.**

네게 어떤 능력이 있는지 한번 찾아보지 않을래?

① 내가 가장 잘하는 것을 찾아보자.
② 내가 가장 재미있게 할 수 있는 일을 찾아보자.
③ 나를 가장 잘 나타낼 수 있고 상징할 수 있는 단어는 무엇인지 생각해 보자.
④ 살아가면서 가장 중요하다고 생각하는 것을 찾아보자.

어때? 이제 네가 어떤 능력을 가지고 있는지 알겠지?
 네가 가지고 있는 그 능력을 더욱 발전시키려고 노력해 보렴. 그리고 '나는 내 능력을 더욱 발전시킬 수 있어.'라고 긍정적으로 생각하는 것이 중요하단다.
 자기가 가진 능력에 대해 긍정적으로 생각하는 사람만이 자신의 능력을 발전시킬 수 있는 법이란다.

063 목숨도 살리는 긍정의 힘

안 좋은 상황을 맞이했을 때 부정적으로 생각하면 그 상황은 더욱 안 좋아질 거야. 하지만 같은 상황이라도 긍정적으로 생각하면 그 상황을 벗어날 수 있는 방법이 보이는 법이란다.

아버지와 아들이 사막을 건너고 있었어. 쨍쨍 찌는 더위 속에 무엇보다 견디기 어려운 것은 갈증이었어. 물은 이미 떨어진 지 오래 되었지.
마침내 갈증을 이기지 못한 아들은 쓰러지고 말았어.
"아버지, 도저히 더 걸을 수가 없어요."
그러자 아버지가 아들에게 용기를 주었단다.
"얘야, 이제 조금만 더 가면 마을이 나올 거야. 조금만 더 힘을 내렴."
아버지의 말에 아들은 겨우 몸을 추슬러 걷기 시작했어.
그렇게 얼마나 걸었을까. 그들의 눈앞에 공동묘지가 나타났어. 공동묘지를 본 아들은 자리에 털썩 주저앉으며 말했어.
"아버지, 보세요. 다른 사람들도 여기까지 와서 죽고 말았잖아요. 우리도 이제 곧 저 꼴이 되고 말 거예요."
그러자 아버지는 이렇게 대답했단다.
"아니다, 얘야. 공동묘지가 여기 있다는 것은 가까운 곳에 마을이 있다는 증거야. 조금만 더 가면 분명 마을이 나타날 거다."
아버지와 아들은 다시 용기를 내어 걷기 시작했어. 그리고 그들은 마

침내 무사히 사막을 건널 수 있었지.

만약 이들이 공동묘지를 보고 곧 죽게 될 거라고 생각했더라면 어떻게 되었을까?

아마 그 공동묘지 근처에서 죽고 말았을 거야. '공동묘지'라는 똑같은 상황을 앞에 놓고 그것을 긍정적으로 받아들임으로써 목숨을 구할 수 있었던 거지.

안 좋은 상황을 맞이했을 때 부정적으로 생각하면 그 상황은 더욱 안 좋아질 거야. 하지만 같은 상황이라도 긍정적으로 생각하면 그 상황을 벗어날 수 있는 방법이 보이는 법이란다.

064

너는 지금 어떤 눈으로 자신을 보고 있니?

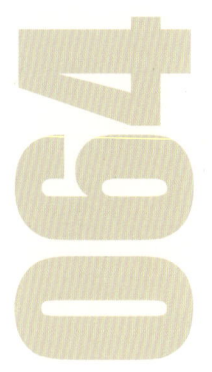

선글라스를 써 본 적이 있는 어린이들은 알겠지만, 어떤 선글라스를 쓰고 있느냐에 따라 풍경이 달리 보여. 네 자신을 보는 눈도 마찬가지란다. 긍정적인 눈으로 네 자신을 보면 너의 장점이 아주 잘 보일 거야.

옛날에 걱정 많은 한 아주머니가 살고 있었어. 아주머니에게는 두 아들이 있었지.

큰아들은 양산 장사를 했고, 작은아들은 우산 장사를 했단다.

아주머니는 장마철만 되면 이런 걱정을 했어.

"이렇게 비가 오니 오늘은 양산을 파는 큰아들이 또 굶게 생겼구나."

그러다 날이 개고 화창해지면 또다시 이런 걱정으로 마음 편할 날이 없었단다.

"이렇게 화창하니 우산을 파는 작은아들이 또 굶게 생겼구나."

그러던 어느 날, 이웃 사람이 아주머니에게 이렇게 말했단다.

"아주머니, 왜 그렇게 부정적으로 생각하세요? 비가 오면 작은아들이 돈을 많이 벌 것을 기뻐하면 되고, 화창한 날이면 양산 파는 큰아들이 돈을 많이 벌 것을 생각하면 되잖아요."

이처럼 행복과 불행은 정해져 있는 게 아니란다. 똑같은 상황에 처해 있더라도 어떻게 생각하느냐에 따라 행복해질 수도 있고, 불행해질 수도 있는 거지.

선글라스를 써 본 적이 있는 어린이들은 알겠지만, 어떤 선글라스를 쓰고 있느냐에 따라 풍경이 달리 보여. 까만 선글라스를 쓰고 있으면 세상이 온통 까맣게 보이고, 빨간 선글라스를 쓰고 있으면 온통 빨갛게 보이지.

네 자신을 보는 눈도 마찬가지란다.

긍정적인 눈으로 네 자신을 보면 너의 장점이 아주 잘 보일 거야. 하지만 부정적인 눈으로 네 자신을 보면 자꾸 너의 단점만 보인단다.

너는 지금 어떤 눈으로 자신을 보고 있니?

나비는 왜 죽었을까?

나비가 곧 아름다운 날개를 펼치고 훨훨 날아가는 모습을 상상했지. 그런데 이게 어떻게 된 일일까? 나비는 날개도 제대로 펼치지 못했을 뿐 아니라, 나비의 날개에는 아름다운 무늬도 생기지 않았어.

영국의 과학자인 알프레드 웰레스의 어릴 적 이야기야.

그는 숲에서 곤충을 관찰하기를 좋아했어. 하루는 나비가 고치를 뚫고 밖으로 나오려고 몸부림치는 모습을 발견했어. **좁은 구멍을 뚫고 밖으로 나오려고 하는 나비가 불쌍해 보였던 그는 나비를 도와 주기 위해 누에고치의 구멍을 조금 찢어 주었어.** 그의 생각대로 나비는 쉽게 고치에서 나올 수 있었어.

그는 안도의 한숨을 내쉬며 기대했어. 나비가 곧 아름다운 날개를 펼치고 훨훨 날아가는 모습을 상상했지.

그런데 이게 어떻게 된 일일까? 나비는 날개도 제대로 펼치지 못했을 뿐 아니라, 나비의 날개에는 아름다운 무늬도 생기지 않았어.

잠시 후, 나비는 그만 바닥에 떨어져 죽고 말았단다. 그 때 어린 웰레스는 깨달았어.

"아! 고치를 뚫고 나오려는 그 힘겨운 노력이 나비를 강하게 만드는 거였구나! 나비는 그 고통의 과정을 거쳐야만 살아갈 수 있는 힘을 얻게 되는구나!"

사람도 마찬가지야. 살아가면서 누구나 힘겹고 어려운 일을 겪어야만 해. 물론 힘겹고 어려운 일을 좋아할 사람은 아무도 없겠지. 하지만 어차피 겪어야 하는 일이라면, 이왕이면 웃으면서 겪는 게 어떨까?

이제부터는 힘겹고 어려운 일을 만날 때마다 더 강해지기 위한 과정이라고 긍정적으로 생각해 보렴.

긍정적인 말로 하루를 시작하자

아침에 눈을 뜨면 너는 어떤 생각을 제일 먼저 하니? '아, 신난다. 새로운 날이 시작되는구나. 오늘은 또 어떤 일이 나를 기다리고 있을까?' 라는 생각을 하니?

헬렌 켈러는 앞을 보지도 못하고, 듣지도 못하고, 말도 잘할 수 없었지만 훌륭한 사회 사업가로 성공한 인물이야.

헬렌 켈러는 이런 말을 남기기도 했단다.

"저는 가진 게 너무나 많습니다. 저는 제게 부족한 것이 무엇인지 생각할 겨를도 없이 바쁘게 살아 왔습니다."

앞도 보지 못하고, 듣지도 못하고, 말도 잘할 수 없었던 사람이 한 말이라고는 믿겨지지가 않지? 헬렌 켈러는 이렇게 늘 자신의 삶을 긍정적으로 생각했기 때문에 성공한 삶을 살 수 있었단다.

아침에 눈을 뜨면 너는 어떤 생각을 제일 먼저 하니? '아, 신난다. 새로운 날이 시작되는구나. 오늘은 또 어떤 일이 나를 기다리고 있을까?' 라는 생각을 하니? 아니면, '졸려 죽겠는데 또 학교에 가야하는구나. 아유 지겨워.' 라고 생각하니? 이렇게 부정적인 생각을 하면서 하루를 시작하면 너의 하루는 분명 지겹고 재미없을 거야.

그렇다면 부정적으로 생각하는 습관을 어떻게 하면 긍정적인 생각으로 바꿀 수 있을까? 아주 간단해. 다음과 같은 긍정적인 말을 몇 가지 만들어 보렴.

"오늘도 신나는 하루가 될 거야."

"오늘은 어떤 즐거운 일이 생길까?"

"나는 행복해."

그리고 아침에 일어나면 네가 만든 긍정적인 말을 입버릇처럼 해 보는 거야. 처음에는 좀 어색할지 몰라. 하지만 계속 습관을 들여 보렴. 그럼 너는 분명 성공적인 삶을 살 수 있을 거야.

긍정적으로 사는 법

네 주변에는 감사할 일들로 가득하단다. 학교에서 공부할 수 있는 것에 대해, 잠을 잘 수 있는 집이 있는 것에 대해 감사해 보렴. 사소한 일이라도 이렇게 감사하는 마음을 가지면 삶이 풍요로워진단다.

누가 봐도 힘들어 보이는 상황 속에서도 행복하게 살아가는 아이들이 있어. 반면에 남부러울 것 없이 잘 살면서도 늘 불만이 많은 어린이들이 있지. 왜 그럴까?

그건 어떤 상황을 긍정적으로 생각하느냐, 아니면 부정적으로 생각하느냐의 차이 때문이란다. 그만큼 긍정적으로 생각하는 것은 아주 중요하단다.

이번에는 긍정적으로 생각하는 방법을 알려 줄게.

① 사소한 일에 감사한다

네 주변에는 감사할 일들로 가득하단다. 아침에 일어나 숨을 쉴 수 있는 것에 감사해 보렴. 보고 들을 수 있는 것에 감사해 보렴. 학교에서 공부할 수 있는 것에 대해, 잠을

잘 수 있는 집이 있는 것에 대해 감사해 보렴. 사소한 일이라도 이렇게 감사하는 마음을 가지면 삶이 풍요로워진단다.

② 긍정적으로 생각할 줄 아는 친구들과 어울린다

친구를 잘 사귀어야 해. 늘 부정적으로 생각하는 친구를 사귀면 너도 영향을 받아 부정적인 아이가 된단다. 하지만 항상 밝고 활기차게 생활하는 친구와 사귀면 너도 그 친구의 영향을 받아 긍정적으로 생각하게 된단다.

③ 운동을 한다

운동은 몸의 근육을 풀어 주지. 그리고 운동을 하면 몸 속에서 엔돌핀이라고 하는 물질이 생겨. 엔돌핀은 우리 기분을 아주 상쾌하게 만들어 준단다. 이 때문에 꾸준히 운동을 하는 어린이들 중에는 밝고 활기차게 살아가는 어린이들이 많은 거란다.

억지로라도 웃으면 행복해진다

집에서든 학교에서든 항상 얼굴 표정을 밝게 하렴. 인상을 잔뜩 찌푸리고 있으면 모든 게 못마땅해 보여. 하지만 억지로라도 입가에 미소를 짓고 있으면 세상이 아름답게 보인단다.

"사람은 행복하기 때문에 웃는 것이 아니라, 웃기 때문에 행복하다."

한 심리학자가 한 말이란다.

이 말이 정말일까? 우리 함께 간단한 실험을 해 보지 않을래?

우선 지그시 눈을 감아 봐. 그리고 환하게 웃는 표정을 지어 보렴. 그런 다음 네 마음 속에 어떤 생각이 떠오르는지 한번 살펴보렴. 어떤 생각이 떠오르니?

웃는 얼굴을 하고 있을 때는 즐거웠던 일이 떠오를 거야.

자, 이번엔 친구와 심하게 다툴 때처럼 이를 악물고 눈살을 찌푸려 보렴. 그런 다음 아까와 마찬가지로 네 마음 속에 어떤 생각이 떠오르는지 한번 살펴보렴.

어때? 화난 얼굴을 하고 있으니까 어떤 일들이 떠오르니? 아마 좋지 않은 일이 떠올랐을 거야.

이처럼 얼굴 표정과 네 감정 사이에는 아주 밀접한 관련이 있단다. 얼굴 표정을 어떻게 하고 있느냐에 따라 마음 속의 생각이 달라지는 거야.

집에서든 학교에서든 항상 얼굴 표정을 밝게 하렴. 인상을 잔뜩 찌푸리고 있으면 모든 게 못마땅해 보여. 하지만 억지로라도 입가에 미소를 짓고 있으면 세상이 아름답게 보인단다.

　그리고 시간이 날 때마다 많이 웃으렴. 억지로라도 웃으면 기분이 좋아진단다. 정말 그런지 이것도 한번 실험해 볼래? 지금부터 1분만 깔깔거리고 웃어 보렴. 어때? 웃다 보니까 기분이 좋아지고 생각도 훨씬 밝아지는 걸 느낄 수 있지?

　웃을 일이 없을 때도 웃는 습관을 들이렴. 행복과 성공은 웃고 있는 사람에게 찾아오는 법이란다.

스스로 선택하고
스스로 결정해라

만약, 네 스스로 "나는 아픈 사람을 고쳐 주는 의사가 되기 위해 공부를 하는 거야."라는 답을 찾았다고 생각해 보자. 그럼 무턱대고 공부할 때와는 자세부터가 달라질 거야.

한 심리학자가 초등학생들을 두 무리로 나눠 무서운 그림을 보여 주었어.

첫 번째 무리의 아이들에게는 **"더 이상 보고 싶지 않으면 버튼을 누르거라. 그럼 그림을 치우마."** 라고 말을 했지.

그리고 두 번째 무리의 아이들에게는 **"내가 그만 두라고 할 때까지 이 그림을 봐야 한다."** 라고 말했단다.

그런 다음 무서운 그림을 보는 동안 받는 스트레스 정도를 알아봤단다.

의무적으로 무서운 그림을 봐야 한다고 들었던 아이들은 아주 심한 스트레스를 받았어. 반면에 원하지 않으면 언제든지 실험을 그만 둘 수 있다고 들었던 아이들은 스트레스를 별로 받지 않았단다.

왜 이런 결과가 나왔을까?

첫 번째 무리의 아이들은 자기 스스로 선택하고 결정할 수 있다는 믿음이 있었기 때문에 스트레스를 덜 받은 거야. 하지만 두 번째 무리의 아이들은 억지로 무서운 그림을 봐야 했기 때문에 스트레스를 많이 받은 거란다.

이런 일은 우리 일상 생활에서도 항상 일어나고 있어. 엄마가 억지로 심부름을 시키거나, 억지로 공부를 하면 기분이 어때? 분명히 기분이 안 좋을 거야.

하지만 네가 좋아서 엄마 심부름을 할 때는 기분이 어떠니? 엄마 대신 무거운 물건을 낑낑거리며 들고 와도 기분이 좋지?

앞으로는 웬만한 일은 네 스스로 선택하고 결정하는 습관을 들여 보렴. 그러기 위해서는 스스로에게 늘 '왜?'라는 질문을 던져 봐야 해.

"나는 왜 공부를 할까?", "나는 왜 리더가 되려고 할까?" 하고 말이야.

만약, 네 스스로 "나는 아픈 사람을 고쳐 주는 의사가 되기 위해 공부를 하는 거야."라는 답을 찾았다고 생각해 보자. 그럼 무턱대고 공부할 때와는 자세부터가 달라질 거야.

이렇게 네 스스로 선택한 일을 하면 항상 긍정적인 삶을 살 수 있단다.

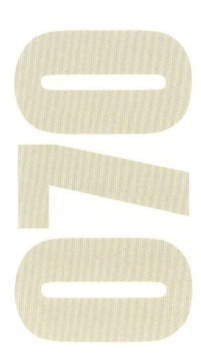

아무 일 없을 거야!

모든 일은 정해져 있는 게 아니라 마음 속으로 어떻게 생각하느냐에 따라 달라지는 법이란다. 긍정적인 말과 생각은 너를 분명 뛰어난 리더로 만들어 줄 거야.

    산에서 산삼을 캐던 심마니가 뱀에게 물렸어. 심마니는 자신의 일에 몰두해 있어 자신이 뱀에게 물렸다는 것도 모르고 있었단다.
    잠시 후, 심마니 옆에서 나물을 캐던 사람이 말했어.
    "자네, 발목에 그게 무슨 자국인가?"
    "글쎄?"
    "내가 보기에는 독사에게 물린 자국 같은데……."
    "뭐, 독사?"
    독사라는 말을 들은 심마니는 곧 거품을 물고 쓰러졌어. 그런데 그 때 마침 경험이 많고 지혜로운 심마니가 옆에 있었어. 그 사람은 거품을 물고 쓰러진 심마니에게 말했어.
    "이건 독사에게 물린 자국이 아니야. 날카로운 식물의 잎에 긁힌 자국이라네. 아무 일 없을 거야."
    그러자 심마니는 아무렇지도 않은 듯이 곧 벌떡 일어났어.
    "정말입니까?"
    "그럼. 내가 이 식물을 잘 알아. 절대 강한 독이 있는 식물은 아니야. 하지만 빨리 내려가서 치료를 하는 게 좋을 거야."

　그의 말에 안심이 된 심마니는 정신을 차리고 서둘러 산을 내려와 병원에 가서 치료를 받고 목숨을 구할 수 있었지.
　어떻게 이런 일이 일어날 수 있었을까? 이것이 바로 '긍정의 힘!'이란다. 경험이 많고 지혜로운 심마니의 말로 인해 뱀에게 물린 심마니는 '나는 뱀에게 물린 게 아니야. 아무렇지도 않을 거야.'라고 긍정적으로 생각할 수 있었어. 이 때문에 병원까지 걸어갈 수 있었던 것이지.
　모든 일은 정해져 있는 게 아니라 마음 속으로 어떻게 생각하느냐에 따라 달라지는 법이란다. 어떤 일이 일어났을 때 "우리는 잘할 수 있을 거야.", "걱정하지 마. 아무 일도 없을 거야."라는 말로 친구들을 안심시킬 줄 아는 리더가 되어 보렴. 리더의 긍정적인 말 한 마디는 어려운 상황도 긍정적으로 만드는 힘이 있단다

인 / 물 / 탐 / 구

오프라 윈프리

　오프라 윈프리는 세계적으로 유명한 TV 프로그램 〈오프라 윈프리 쇼〉의 진행자이자 연기자이자 사업가로 이름이 높은 사람이에요.
　그녀는 아주 가난한 흑인 마을에서 어렵게 자랐어요. 어린 시절 그녀의 집은 너무나 가난했어요. 음식을 살 돈이 없어서 굶는 날도 많았지요. 그녀와 함께 흑인 빈민촌에 살던 아이들은 나쁜 길로 빠지는 경우가 많았어요.
　그렇지만 오프라 윈프리는 자신의 삶을 긍정적으로 바라볼 줄 아는 눈을 가지고 있었어요.
　'나는 빈민촌에서 태어났지만 평생 여기에서 살지는 않을 거야. 나에게는 남들보다 더 뛰어난 재능이 있어. 나는 언젠가 최고의 아나운서가 될 거야.'
　그녀는 자신의 꿈을 이루기 위해 끊임없이 노력했어요. 이렇게 노력한 덕분에 그녀는 미국 최초의 흑인 뉴스 앵커가 되었어요. 그러나 그녀는 얼마 안 가서 뉴스를 그만 두라는 통보를 받았어요. 오프라 윈프리는 난생 처음 크게 실망했어요. 하지만 곧바로 다시 일어났어요.
　"난 할 수 있어. 가난한 흑인 빈민촌에서 태어나 여기까지 올 수 있었던 것은 스스로 나의 능력을 긍정적으로 생각했기 때문이야. 좀더 내 자신을 믿어 보자. 난 할 수 있을 거야. 뉴스 앵커로는 실패했지만 토크쇼라면 자신 있어."

그리고 그녀는 마침내 사람들과 함께 편안하게 대화를 나누는 토크쇼에서 크게 성공을 거두었어요. 그녀의 솔직하고 따뜻한 성격이 장점으로 작용한 것이었지요. 얼마 후 토크쇼의 제목은 그녀의 이름을 따서 〈오프라 윈프리 쇼〉로 바뀌었어요. 시청자들은 오프라 윈프리의 이야기를 듣는 것을 매우 좋아해서 지금도 〈오프라 윈프리 쇼〉의 인기는 날로 치솟고 있답니다.

그 후, 오프라 윈프리는 최고의 토크쇼 진행자에게 주는 상을 받게 되었어요. 그 때 사회자가 그녀에게 물었어요.

"당신의 성공의 비결은 뭐라고 생각하십니까?"

그러자 오프라 윈프리가 대답했어요.

"긍정의 힘입니다. 저는 제 자신을 항상 긍정적으로 생각합니다. 언제나 좋은 일이 일어날 거라고 믿고 있지요. 그것이 오늘의 저를 만들어 주었습니다."

언제나 좋은 일이 생길 것이라고 믿는 긍정적인 생각이 자신의 미래를 바꾸는 힘이랍니다.

리더

2015년 12월 15일 2판 1쇄 발행
2023년 8월 2일 2판 12쇄 발행

지은이 | 김현민
그린이 | 나일영
감 수 | 공병호
발행인 | 김경석
펴낸곳 | 아이앤북
편집자 | 우안숙
디자인 | 김희영 장지윤
마케팅 | 남상희
주 소 | 서울시 성동구 천호대로 424
연락처 | 02-2248-1555
팩 스 | 02-2243-3433
등 록 | 제4-449호

ISBN 979-11-5792-046-4 74370
ISBN 979-11-5792-097-6 (세트)

이 책에 실린 모든 내용, 디자인, 이미지, 편집 구성의 저작권은 아이앤북과 지은이에게 있습니다.
http://blog.naver.com/iandbook 아이앤북은 '나와 책' '아이와 책'이라는 뜻을 가지고 있습니다.

이 도서의 국립중앙도서관 출판시도서목록(CIP)은 e-CIP 홈페이지 (http://www.nl.go.kr/ecip)
에서 이용하실 수 있습니다. (CIP 제어번호 : CIP2017000896)